돈 문제부터 해결하라

부자 되는 가장 빠른 방법

돈 문제부터
해결하라

리아원 지음 | 홍민경 옮김

유노
북스

가까운 사람과 돈 문제로 속앓이하는 당신에게

내 친척 중에 신용 불량자가 되어 어쩔 수 없이 사채까지 빌려 쓴 사람이 있었다. 그는 그 돈을 갚기 위해 나에게 돈을 빌려 달라고 했지만, 나 역시 돈이 없기는 마찬가지였다. 그 대신 신용 등급이 높은 나는 은행에서 신용 대출을 받아 급한 불을 끌 수 있게 해 줬다. 그런데 그 친척이 빌려 간 돈을 갚지 않으면서 나는 무려 2년 동안 그 부채를 떠안고 살아야 했다. 빚을 떠안는 일은 무척이나 고통스러웠다.

이 책의 추천사를 부탁받고, 나는 키보드를 두드리며 글을 써 내려가다가 다시 삭제하기를 수없이 반복했다. 예전에 한번, 나는 내가

겪은 각종 부채에 관한 경험을 페이스북 팬 페이지에 올려 공유한 적
이 있는데 이것이 사람들의 경각심을 불러일으키는 데 꽤 좋은 역할
을 했다. 하지만 그 글을 본 가족은 전화를 걸어 와서 왜 공개적으로
집안 망신을 시키느냐며 내 행동을 나무랐다.

이런 경험이 있다 보니 이 추천사를 쓰면서 왠지 더 말을 조심해야
할 것 같은 느낌을 떨칠 수가 없었다. 고작 짧은 추천사 하나 쓰는 것
뿐인데 왜 이렇게 말을 꺼내기가 힘든 걸까?

나는 돈을 모으기 위해서 연초마다 이런저런 목표를 세우고 다양
한 방법을 강구해 본다. 하지만 앞날은 누구도 예측할 수 없듯이 언
제 어디에서 감정의 족쇄가 나를 옭아맬지 모른다. 그리고 스스로 주
머니에서 돈을 꺼낼지 장담하기가 어렵다. 그렇게 한 해를 보내고 연
말이 되면 나는 텅 빈 통장과 마주하는 고통의 시간을 보내야 한다.
나는 내가 왜 그랬는지 안다. 어떻게 거절해야 할지 몰라서 쉽게 입
이 떨어지지 않았던 것이다.

돈 문제가 인간관계와 거기에서 생기는 인정받고 싶은 마음과 얽
히게 되면 누구라도 말을 꺼내기가 어려워진다. 그러나 이 문제를 정
면으로 돌파하지 않으면 상처가 곪아 터지면서 내 몸과 마음이 다칠
뿐만 아니라 관계도 악화된다.

나는 이 책을 한 장 한 장 넘길 때마다 '그래! 나도 이런 상황에서

돈을 빌려줬어!'라며 탄식했다가, 또 어느 순간에는 '와! 이건 완전히 내 이야기잖아!'라며 공감했다.

　이 책이 만병통치약이라는 것은 아니다. 그래도 가까운 사람과 얽힌 돈 문제 때문에 속앓이하는 당신이 재무적 경계선에 대해 고민할 수 있다면 그것만으로도 이 책의 가치는 충분하다고 본다. 특히 당신 곁에 평생을 함께할 배우자가 있다면 먼저 이 책에서 제시한 방법에 따라 상대방과 함께 '돈에 관한 청사진'을 그려 보자. 그런 후에 당신이 원하는 것을 말해도 늦지 않는다.

　　　　　　　　　　　　　　　　　돈 문제부터 해결하라

돈 문제의 해답은 관계에 있다

다들 '물론 돈이 전부는 아니지만, 없으면 절대 안 되는 것이 돈이다'라고 말한다. 이는 마치 돈 문제로 속 썩이는 사람을 만나기 전까지는 돈만 충분하면 그 어떤 문제도 해결할 수 있다는 것처럼 들린다.

평소 심리 상담을 할 때 가장 흔히 보이는 내담자의 유형이 있다. 그들은 인생의 방향이나 이직 문제를 묻기 위해 나를 찾아온 것처럼 보이지만, 자세히 들여다보면 끊어 내지 못한 채 얽히고설킨 돈 문제를 숨기고 있다. 예를 들어 사업에 실패하고 빚을 가족에게 떠넘긴 채 도망가 버린 아버지, 졸업 후 취직하지 않고 집에 손을 벌리며 사는 동생, 물어보지도 않고 집을 사서 그 대출금을 '효도'의 이름으로 자식에게 떠안기는 부모 등이 그 돈 문제의 주인공이다.

정말 돈이 부족하기 때문에 문제가 생기는 걸까? 나는 저자의 견해에 동의한다. 진정한 문제는 돈이 아니라 마음에서 생긴다. 그리고 이런 문제의 치료 약은 재무적 경계선을 분명하게 긋는 것이다.

이 책에서 소개하는 사례를 볼 때마다 마음속으로 피를 토하게 된다고 해도 과언이 아니다. 우리는 이런 사례들이 수많은 사람의 피맺힌 인생이라는 것을 잘 알고 있다. 나의 재무적 경계선은 저자와 많이 닮았는데 '혼자 벌어서 혼자 쓰는' 부류에 속한다. 다행히 나는 지금까지 살면서 재무적 경계선을 무너뜨릴 만큼 압박하는 사람이나 일을 만나 본 적이 없다. 그래서인지 이 책에서 며느리에게 무릎까지 꿇고 떼쓰는 시어머니, 아들딸에게 정신적으로 강요와 협박을 가하는 아버지, 효도의 이름으로 자녀를 자기 뜻대로 휘두르려는 어머니의 사례를 보는 순간 혈압이 올랐고, 당장 책으로 들어가 당사자를 데리고 나오고 싶을 정도로 화가 났다.

하지만 자신을 계속 구속할 수 있는 건 오로지 스스로뿐이라는 사실을 나 역시 잘 안다. 그러므로 당사자가 확고한 태도로 선을 긋는다면 누구도 그 사람을 구속할 수 없다.

부모에게 돈을 빌려주지 않으면 불효일까?

우리는 왜 타인에게 '철이 없다', '의리가 없다', '이기적이다'라는 말을 들을까 봐 두려워할까? 그 두려움의 근원은 어디일까?

인심, 인간미, 인정을 중시하는 동양 사회에서 이런 감정의 압박과 맞서서 자신의 재무적 경계선을 지켜 내려면 어떤 태도로 대처해야 할까?

저자는 이 책에서 분명한 방법으로 금전 관계와 돈 문제에 관련된 우리의 오해를 하나하나 깨 준다. 그리고 우리는 양극성 문제처럼 보이는 '인정'과 '금전'에 관한 절묘한 해답을 얻을 수 있다. 결국 가족의 감정적 협박에 굴복한 자신을 원망하고 불평을 쏟아 낸다면 상대방이 당신에게 상처를 주도록 놔두는 것 그 이상도 이하도 아니다.

나는 독자들이 이 책에 등장하는 인물들과 상황을 보며 새로운 가능성에 눈뜨기를 바란다. 그것은 바로 우리를 옥죄는 맹점을 찾아내 용기라는 이름의 검을 휘둘러 그 족쇄를 자르고 금전적 자유를 되찾는 것이다.

돈과 얽힌 관계에서 자신을 지킨다는 것

사람들이 말을 아끼지만, 많은 가정에서 돈 때문에 다툼이 일어난다. 이것은 우리네 일상이기도 하다. 특히 결혼을 앞둔 사람들에게 이 책은 상당히 중요한 지침을 줄 듯하다. 인생을 살아가는 데 필요한 의식주 문제 외에도 결혼과 함께 얽이게 되는 복잡한 인간관계가 결혼 생활을 뿌리째 흔들 위험이 크기 때문이다. 그렇지만 서로가 결혼 전에 '돈에 관한 청사진'에 대해 충분히 협의를 거친다면 결혼 후에 갈등을 줄일 수 있다.

이 책은 돈 문제에서 시작해 재무적 경계선을 정하는 문제에 관해 이야기한다. 평소 일 처리와 사람을 대하는 태도에 일관된 원칙을 갖고 있어야 재무적 경계선을 긋고, 이를 지키는 과정에서 비교적 원활하게 소통할 수 있다. 이 책을 끝까지 읽고 나면 이 말뜻을 알게 될 것이다.

이 책은 '돈'과 '인간관계'라는 두 가지 주제에 포커스를 맞췄다. 이런 주제는 흔하지 않지만, 사실 우리에게 매우 필요하다.

'재무적 경계선'이라는 개념은 책임의 영역과 연관이 있다. 우리는 각자 마음속으로 어떤 관계에서 어느 정도로 책임을 져야 하는지 정해 둔다. 그 관계 안에서 돈을 주는 것은 일종의 책임 표현이다. 그런데 살다 보면 자신이 생각한 사람들과의 심적 거리와는 다르게 '자기 사람에게는 지나치게 선을 그어서는 안 된다'는 식의 관념을 접하게 된다. 이렇게 경계선을 모호하게 만드는 인식에 휘둘리면 주변으로부터 받는 압박감과 여러 감정의 무게가 서로 다르게 가중돼서 끊으려고 할수록 더 복잡하게 얽혀 든다.

우리 주변을 돌아보면 부모가 경계선을 넘어 자식을 통제하려 하고 심지어 이것이 정서적인 강요와 협박으로 이어지는 경우가 많다. 부모의 가장 이상적인 모습은 자식을 훌륭하게 돌보고 그들의 든든한 방패막이가 돼 주는 것이다. 그러나 세상에는 자신이 일할 능력이 충분한데도 자식이 힘들게 벌어 온 돈으로 생활하는 부모들도 존재한다. 그들은 자식이 돈을 내놓지 않으면 '불효자식'이라며 걸핏하면 꾸짖고 혼내면서도 자신은 온갖 이유를 대며 일을 하지 않는다. 어떤 사람들은 자신이 현금 인출기나 돈벌이 수단으로 취급받는 것에 분노한다. 그들의 부모는 본인은 베풀 수 없는 사랑을 자식에게 요구하며 모든 짐을 떠넘긴다.

　나는 저자가 이 책에서 돈 문제에 관한 소통 방식을 이야기함으로써 실용성을 높였다는 점에 놀랐다. 재무 면에서 가정의 모습을 환원하고 발전시키는 과정을 이렇게까지 사실적으로 그릴 수 있으리라고 생각해 본 적이 없기 때문이다.

　내가 원하지 않는다면 분명하게 거절 의사를 보여야 한다. 그래야 상대방과 원만한 관계를 유지할 수 있다. 나쁜 사람이 되는 것을 두려워하지 말아야 한다. 다른 사람이 져야 할 책임을 대신 짊어지는 것은 실질적으로 그 사람을 돕는 일이 아니다. 도리어 상대방이 성장할 기회를 박탈하고 습관성 의존도를 높일 뿐 아니라 나의 정신 건강에도 좋지 않다. 또한 무슨 일이든 다른 사람을 통해 말을 전하지 말고 직접 대면해서 내 능력치의 한계와 요구하는 바를 솔직히 털어놓고 나의 의사를 정확히 전달함으로써 재정적 어려움에 현실적으로 접근해야 한다.

　저자는 경계선을 드러내는 것이야말로 우리가 사랑을 표현하는 또 다른 방식이자 지혜라고 일깨운다. 이 책을 통해 우리가 자신의 부족하고 나약한 면을 직시하고, 자신을 지켜야 할 때 겁에 질려 뒤로 숨기보다 당당히 맞서게 되기를 바란다.

돈과 인생을 함께 관리하는 사람이 생겼다면

내가 임신 5개월이었을 때 남편이 먼 친척에게 전화 한 통을 받았다. 그 친척은 남편에게 다짜고짜 100만 원을 빌려 달라고 사정했다. 남편은 수화기를 손으로 막은 채 침대에 누워 휴대폰을 보고 있던 나에게 어떻게 하면 좋을지 물었다. 그때 나는 담담하게 대답했다.

"나한테 다시 전화 걸라고 해."

이렇게 말을 전하고 나면 아무도 내게 다시 전화하지 않았다. 그 먼 친척도 언제 전화했냐는 듯 연락을 끊었고, 그 후로 단 한 번도 본

적이 없다.

　이혼 소송을 할 때 자주 듣는 이혼 사유 중 하나가 바로 돈 문제다. 집안의 주택 융자금, 생활비, 자녀 교육비를 누가 책임지고 가정의 경제를 누가 지탱하는지는 매우 중요한 문제다. 부부와 자식으로 구성된 3인 가구를 예로 들어 보자. 만약 주택 융자금이 4억 원이라면 매달 지출해야 하는 대출금이 적게 잡아도 200만 원에 가깝다. 아이가 공립 학교에 다닌다면 학비야 절약할 수 있겠지만, 사교육 비용도 만만치 않게 든다.

　결혼해 본 사람이라면 이런 엄청난 경제적 압박에 시달리며 사는 중에 배우자의 가족이나 친척이 돈을 빌려 달라고 했을 때 가정의 붕괴는 시간문제라는 사실을 충분히 이해할 수 있을 거라고 본다. 이렇게 되면 정상적인 가정생활을 유지하기 위해 어느 한쪽이 희생해야 하기 때문이다. 배우자가 집안의 돈을 가져가서 가족 혹은 친척의 손에 쥐여 준다면 상대 배우자는 이런 생각이 들 수밖에 없다.

'이렇게 돈이 많았으면서 왜 나한테 다 안 준 건데?'
'내가 힘들게 벌어서 생활비를 분담하는 판에 당신이 뭐라고 허세를 부리며 돈을 빌려주는 건데?'

상대방 배우자는 경계심이 생기고 결국 변호사나 회계사를 찾아가 미리 자산 상담을 받기도 한다. 경제적 압박은 이런 식으로 결혼 생활을 위태롭게 만드는 괴력이 있다. 민법에서 혼인의 핵심 규정은 주로 결혼 후 쌍방 재산의 보장, 미성년 자녀의 이익을 최우선으로 한다. 법률 규범에서도 알 수 있듯이 이혼을 초래하는 주요 원인은 바로 재산 및 육아 문제다. 그래서 혼인을 유지하기 위한 마지노선을 지키려면 적어도 자기 가정의 재무 계획을 존중해야 한다.

결혼한 사람이라면 누구나 자기 가정을 최우선으로 생각해야 한다. 만약 결혼 전의 가정을 내려놓을 수 없다면 혼인 전에 상대방에게 자신의 곤란한 처지를 설명해서 상대방이 이미 존재했고 앞으로도 계속될 경제적 압박을 미리 이해할 수 있도록 해야 한다. 또한 가족이나 친척이 돈을 빌려 달라고 했을 때 배우자와 함께 지출과 재무 상태를 따져 보고 입장을 바꿔 생각하는 과정을 거쳐야 한다.

사람은 누구나 스스로 극복해야 할 숙제가 있고, 아무도 타인의 인생을 대신할 수 없다. 우리는 그들 모두를 구제할 만한 능력이 없으며 그렇게 위대하지도 않다. 그러므로 혹시 돈을 빌려준다면 선행돼야 할 조건이 있다. 돈을 빌려 달라는 사람이 당신의 배우자에게 전화를 걸어 동의를 부탁하는 것이다.

누구나 돈 문제로 상처받을 때가 있다

이 책을 읽다 보니 나와 가족의 지난 경험이 저절로 떠올랐다. 그 당시의 일로 뿌리 깊게 박힌 생각 하나는 최근까지 나를 억누르고 있었다.

내가 초등학교 6학년 때 아버지가 사업에 실패하면서 거액의 빚을 졌다. 다행히 어머니가 고등학교 역사 선생님이라 매달 고정 수입이 들어온 덕분에 집이 경매에 넘어가 길바닥에 나앉는 일만은 면할 수 있었다. 그때부터 내 머릿속에는 생각 하나가 아주 확고하게 자리 잡게 됐다. 그것은 나중에 무슨 일이 있어도 '군인, 공무원, 교사' 중 하나가 돼서 안정적으로 살겠다는 생각이었다. 나는 만에 하나 이런 직업을 갖지 못하면 배우자라도 그런 일을 하는 사람을 만나겠다고 다짐했다. 그래야 둘 중 하나가 사업에 뛰어들거나 사업에 실패해도 '황금 낙하산'이 펼쳐져 가족이 함께 바닥으로 추락하는 일은 막을 수 있어서였다.

그러다 내 나이 마흔이 돼서야 이런 생각에서 벗어나서 과감하게 교직을 내려놓고 창업에 뛰어들 수 있었다. 이것만 봐도 금전적 문제가 남긴 상처가 한 사람의 인생에 미치는 영향이 엄청나지는 않는다고 누가 단언할 수 있겠는가?

이 책은 저자의 이야기로 시작해 누구나 겪을 수 있는 가까운 사람들의 감정적 강요와 협박을 보여 준다. 그리고 이런 일이 우리에게 가져다주는 재무적 압박에 관해 설명하면서 공감대를 형성한다. 저자가 말하는 핵심은 내가 지금까지 쭉 주장해 온 두 가지 생각과 기가 막히게 맞아떨어진다. 그것은 바로 '조금 이기적으로 구는 것이 모두를 위해 더 좋다'는 것과 '누구나 자신이 져야 할 책임을 스스로 짊어지도록 해야 한다'는 것이다.

이 두 가지 관념을 바탕으로 저자가 들려주는 이야기를 따라 사람마다 다양한 '머니 서클'과 '소비 성향'을 파악하고 차근차근 문제의 근원을 찾는다면 자신은 물론 타인을 이해하는 데 도움이 될 것이다. 그뿐만 아니라 앞으로 가까운 사람과 돈 문제로 얽혔을 때 감정적 강

돈 문제부터 해결하라

요를 받지 않고 확고한 태도로 침착하게 대처할 수 있을 것이다. 나는 이 책을 모든 사람에게 적극적으로 추천한다!

돈 때문에 생기는
불안감과 죄책감부터 지워라

"당장 나가! 당신처럼 이기적인 여자를 믿고 산 내가 바보지! 내 형이야! 내가 돕지 않으면 누가 도와주겠어!"

이 문제를 거론하기만 하면 남편은 미친 사람처럼 소리치며 정적을 깨뜨렸다. 그는 얼굴을 일그러트리며 미친 듯이 고함을 지르더니 심지어 나에게 주먹을 휘두르기까지 했다. 그가 주먹을 쥔 손으로 식탁을 치자 물잔이 튀어 오르고 젓가락이 바닥으로 떨어졌다. 나는 분노를 참아 내느라 얼굴이 시뻘겋게 달아올랐다. 나는 손톱이 손바닥을 파고들 정도로 주먹을 꽉 쥔 채 아랫입술을 깨물었다.

이 일은 누구에게도 말할 수 없던 우리만의 과거이자 비밀이며, 나와 남편이 가장 풀기 어려워했고, 가장 심하게 갈등했던 숙제다.

16년 전, 나는 지금의 남편과 결혼하기로 했다. 양가의 부모님 모두 모아 둔 돈이 하나도 없어서 혼수품, 결혼식장, 청첩장, 피로연, 답례품 등 결혼에 필요한 모든 돈을 우리 두 사람이 감당해야 했다. 그당시 우리는 각자 5~6년을 열심히 일해서 번 돈을 끌어모아 결혼 자금으로 썼다. 그런데 결혼 준비를 하던 중 남자 친구가 갑자기 형의 카드 빚 이야기를 꺼내며 그 빚을 대신 갚아 주기를 원했다. 그 이야기를 듣는 순간 내 목에 유리 조각 하나가 걸린 것처럼 숨이 막히고 고통이 몰려왔다. 만약 남자 친구가 형의 빚을 대신 갚는다면 가진 돈을 모두 털어야 했다. 이것은 재앙이자 위기였다. 나는 결사반대했지만 결국 적금을 깰 수밖에 없었다.

남편은 결혼 전에는 형의 카드 빚을 자신의 신용 대출로 갚았고, 나와 결혼 후에는 부모의 주택 융자금과 형의 카드 빚 때문에 빌린 대출금을 갚아 나갔다. 우리 부부는 가족의 채무를 짊어지면서 가중되는 재정적 압박 속에 정신적 고통으로 시달려야 했다. 서로의 신뢰는 바닥을 쳤다. 그 시절 나는 돈이 되는 일이라면 닥치는 대로 했고, 그는 매일 야근을 하며 열심히 일했다. 우리는 돈을 벌기 위해 쉴 새 없이 일했지만, 서로를 원망하며 그 시간을 보냈다. 나는 늘 남편에게 이렇게 따져 묻고는 했다. 그럴 때마다 그의 대답은 참 한결같았다.

"왜 가족이 진 빚을 당신이 갚으려고 하는 건데?"
"내가 나서지 않으면 아무도 도와줄 사람이 없잖아!"

그 시절 우리 사이에 쌓인 억울한 마음과 오해는 언제 폭발할지 모를 시한폭탄처럼 변해 갔다.

돈 문제는 혼자 해결할 수 있는 일이 아니다

우리는 부모에게 신체적 특징만 물려받지 않는다. 어른이 되고 나면 우리가 부모의 생각, 관념과 뿌리 깊게 연결돼 있음을 뼈저리게 느끼는 순간이 온다. 부모는 우리의 하드웨어를 빚어 내는 동시에 그 안에 소프트웨어도 채워 넣는다. 우리는 부모의 유전자뿐 아니라 그들의 사고방식과 문제 해결 방식도 물려받는다. 이 소프트웨어가 삶과 관계를 규정하고, 소프트웨어가 다른 사람들과 끊임없이 말싸움을 불러일으킨다.

나의 시아버지는 농사를 지었고, 순박하고 엄격하며 가정을 중시했다. 그는 가족끼리 서로 지지하고 돕는 것이 당연하다고 여겼다. 반면 나의 어머니는 장사하는 사람이었고, 삼촌은 도박 중독자였다. 어머니는 돈 새는 구멍을 만드는 가족을 돕고, 그 구멍을 대신 메꾸는 것이 매우 위험한 일이라고 믿었다. 나는 어머니의 공포심을, 남편은 시아버지의 도덕성을 이어받았다. 그래서 우리는 서로 싸우고, 분노하고, 질책하며 마음을 갉아먹느라 근본적인 성향의 차이를 들여다보지 못했다.

가족 사이에 돈 문제가 생기는 것은 어두운 터널 안으로 들어가는 것과 같다. 터널 안에서는 시야가 좁아지기 때문에 어딘가에서 빛이라도 들면 오로지 거기에만 집중하게 된다. 하지만 우리에게는 자신을 돌아보고 이해하며, 동시에 다른 사람의 내면을 들여다보고 이해하는 폭넓고 깊이 있는 시야가 필요하다. 그래야 비로소 문제를 극복하고 함께 앞으로 나아갈 수 있다.

시중에 나온 재테크 서적은 3가지 핵심에서 벗어나지 않는다.

첫 번째, 당신에게 열심히 버는 법을 가르친다.
두 번째, 당신에게 절약하는 법을 가르친다.
세 번째, 당신에게 똑똑하게 투자하는 법을 가르친다.

그런데 당신이 돈을 잘 벌고, 절약 정신이 투철하고, 투자에 일가견이 있다고 한들 정말 재테크에 성공하는 사람이 될 수 있을까? 그것이 그렇게 쉬운 문제일까?

만약 당신의 남편이 동생의 빚을 대신 갚아 주려고 한다면 당신은 저축을 할 수 있을까?

만약 당신의 엄마가 당신에게 용돈을 더 늘려 달라고 한다면 그 요구를 거절할 수 있을까?

만약 당신의 배우자가 돈을 절제하지 않고 쓴다면 과연 돈을 모을 수 있을까?

당신에게 도박하는 아빠, 책임감 없는 형제, 일도 안 하고 빈둥거리며 노는 자식이 있다면 더 거론할 필요도 없다.

당신이 가족이라는 반응, 생각, 패턴이 다른 '재테크 장애물'과 대면할 때 우리는 어떻게 생각하고, 대응하며 그들과 화목하게 지낼 수 있을까? 또 그들을 어떻게 이해하며 자신의 소프트웨어를 업그레이드해야 할까? 모든 비결이 이 책에 담겨 있다. 이 책을 통해 당신은 이런 '돈의 장애물'을 확실히 볼 수 있게 될 것이다.

- 머니 서클(money circle) 문제: 동생의 카드 빚을 내가 대신 갚아 줘야 할까?
- 금전적 의존 문제: 이혼한 시누이가 시가에 들어가 사는데, 그 생활비가 내 주머니에서 나가고 있다.
- 금전적 의무 문제: 시아버지가 한 달 용돈을 100만 원씩 요구한다. 어떻게 해야 할까?
- 소비 성향 문제: 아내가 돈을 너무 물 쓰듯 하는데 어떻게 해야

할까?

- 재무 계획 문제: 남편은 이렇게 사는 것에 만족하지만 나는 불만이다. 어떻게 해야 할까?

이런 것들이 바로 이 책에서 이야기하고 싶은 주제다. 나는 당신이 이 책을 다 읽고 나면 재테크에 대한 생각이 바로 잡히고 재테크 수완이 일취월장할 거라고 확신한다. 이와 동시에 이 책은 용기를 일깨우는 역할도 한다. 당신은 동생의 빚을 대신 갚아 줄 수 없다고 선을 긋는 것이 이기적인 행동은 아닌지 더는 의심하지 않아도 될 것이다. 또 대를 이어 부모와 당신을 속박하던 신념에서 벗어나 자신을 중시하고 더 사랑할 수 있게 될 것이다.

사실 가정의 아픔, 실패한 관계, 금전적 결함과 대면하는 일은 엄청난 용기가 필요하다. 어떤 면에서 보면 우리가 자신을 치유하고, 돈과 관련된 매듭을 풀어 그 속박에서 벗어나는 것은 자신뿐 아니라 대대손손 물려받은 과거와의 이별이기도 하다. 이는 일종의 정신적 진화이자 경제의 진화라고 할 수 있다. 그래서 나는 이 책을 통해 당신이 미처 깨닫지 못한 부분을 일깨우기를 바란다.

차 례

제1장 갈수록 돈 걱정이 많아지는 결정적 이유

누구나 말 못 할 돈 문제 하나씩은 있다

제2장 사람을 알면 돈 문제의 실마리가 보인다

당신과 나의 금전적 안전 거리에 대해

제3장 돈과 사람 문제를 해결하는 현실적인 방법

내 돈, 네 돈, 우리 돈이 구분되는 5가지 원칙

제4장 불안감을 덜고
마음 편한 부자 되는 길
가까워서, 믿어서, 미안해서 짊어진 책임감 버리기

제1장

갈수록 돈 걱정이 많아지는 결정적 이유

누구나 말 못 할 돈 문제 하나씩은 있다

결혼할 남자가
형의 빚을 대신 지겠답니다

    나의 경험을 들려주기로 마음먹었지만, 막상 말을 꺼내려니 한동안 우울한 감정이 나를 짓눌렀다. 이 이야기는 내 친구는 물론 독자와 편집장조차 알지 못했던 숨기고 싶은 나의 과거다. 그것은 16년 전에 한차례 겪은 나와 가족 간의 돈 문제다. 그 일은 무엇이 옳고 그른지 판단하기조차 힘들 정도로 무척 고통스러웠고 족쇄를 찬 것처럼 무거웠다.

    2003년 여름 방학은 마치 꿈 같았다. 그해에 나는 박사 학위 과정을 밟으며 대학에서 강의를 했고, 8년을 사귄 남자 친구와 결혼 준비를 하느라 한창 바쁜 나날을 보내고 있었다. 내 인생의 모든 일이 순풍에 돛을 단 듯 순조롭게 흘러갔다.

8월의 어느 날 밤, 11시쯤 술집에서 맥주를 마시고 나온 나와 약혼자 그리고 잔뜩 취한 친구 두 명은 쉬러 숙소로 돌아가려고 했다. 나는 친구들을 먼저 들여보낸 후 약혼자를 챙기기 위해 뒤를 돌아봤다. 한쪽 무릎을 꿇고 등을 잔뜩 웅크린 채 자신의 신발 끈을 만지작거리는 그의 모습이 눈에 들어왔다. 우리의 시선이 희미한 등불 아래서 마주쳤다. 술에 취해 붉게 물든 남자 친구의 얼굴이 보였다. 그날따라 유난히 광대뼈가 두드러져 보였고, 눈가는 퀭하게 꺼져서 그늘이 드리웠다. 그는 무슨 말을 하려다 이내 입을 다물었다. 선뜻 말을 꺼낼 수 없는 것 같았다. 곧 어둠 속에서 무겁게 가라앉은 그의 목소리가 들려왔다.

"형이 사기를 당했어. 8,000만 원 정도의 카드 빚을 졌는데 갚을 길이 없나 봐. 오늘 돈을 빌리려고 날 찾아왔어…."

그가 내 앞에서 참았던 눈물을 쏟아 내며 말을 잇지 못했다. 나는 순간적으로 정신이 멍해졌고, 얼음 한 바가지를 가슴에 들이붓기라도 한 듯 온몸의 솜털이 쭈뼛 섰다. 내 눈길도 방향을 잃은 채 큰길에 움푹 팬 웅덩이에 가닿았다. 그러다 이내 두 다리의 힘이 풀리며 서

있기조차 힘들어졌다. 800만 원도 아니고 8,000만 원은 몇 년에 걸쳐 갚아야 할 만큼 큰 빚이었다. 결국 나는 화단 가장자리에 두른 돌 위에 털썩 주저앉고 말았다.

"8,000만 원? 그런 큰돈을 어디서 구해?"

그러자 그가 간절한 눈빛으로 나를 바라보며 힘없이 몇 마디를 쥐어 짜냈다.

"나 아니면 아무도 도와줄 사람이 없어. 내가 갚아 줘야 해."

그 빚이 우리를 옭아매고 숨통을 조일 것이라는 생각이 들자 소리 없이 눈물만 흘러내렸다. 나는 잠시 울다가 몇 마디 하고, 또 울다가 몇 마디를 이어 가며 이 갑작스러운 상황과 힘겹게 마주했다. 마치 포로로 잡힌 병사처럼 힘없이 초라하게 앉아 있던 남자 친구의 얼굴에는 표정이 사라졌고, 눈에는 핏발이 가득 서 있었다. 그리고 '자신은 돈이 조금이라도 있으니 형의 빚을 갚아 줘야 하고, 갚아 줄 수밖에 없다'는 말만 공허하게 반복했다. 그 말에 나는 결국 오열하듯 흐느껴 울고 말았다. 곧 두려운 마음이 분노에 찬 목소리로 변해서 터져 나왔다.

"왜 우리가 갚아야 하는데! 돈 빌려 쓴 사람이 갚는 게 당연한 거 아니야?"

"내 형이잖아. 내가 아니면 누가 도와?"

그가 분노에 차서 눈을 부릅뜨며 말했다. 남자 친구는 금방이라도 흘러내릴 듯 눈물이 가득 고인 눈으로 나를 쳐다보다가 휘청거리며 차에 올라탔다. 내가 남자 친구를 붙잡으려고 소리쳤지만, 그는 쾅 소리가 나도록 있는 힘껏 문을 닫고 시동을 켜자마자 굉음을 내며 떠나 버렸다. 나는 차가 모퉁이를 돌아 빠르게 사라지는 모습을 지켜볼 수밖에 없었다.

그날 밤은 시간이 그대로 멈춰 버린 것 같았다. 나는 두 다리에 힘이 풀려 그 자리에 털썩 주저앉았다. 머릿속은 안개에 덮인 듯 아무 생각도 떠오르지 않아 갈피를 잡지 못했다. 나는 무릎을 끌어안고 앉아서 길게 이어진 비탈길을 하염없이 내려다보며 그가 어둠 속에서 다시 돌아와 주기를 기다렸다. 그러다가 잠시 후 나는 이 상황이 너무 무서워지기 시작했다.

나는 마음이 안정될 때까지 술집 주위를 하염없이 걷고 또 걸었다. 그리고 기숙사에 도착할 때쯤 나는 이 문제를 끝까지 양보하지 않기로 마음먹었다. 그날 이후 3주 동안 나와 약혼자는 지속해서 대화를 이어 갔다. 우리의 통화는 갈수록 짧아졌고, 매번 격렬한 말싸움으로 끝났다. 그는 형의 빚을 대신 갚아 줘야 한다며 끝까지 고집을 꺾지 않았다.

가족이라면 서로 믿고 돕는 게 당연한 거 아니야?

남자 친구가 형의 빚을 대신 갚아 주려는 이유의 끝에는 진한 가족애가 자리 잡고 있었다. 그는 가족이라면 힘들 때일수록 더 서로를 믿고 힘이 돼 줘야 한다고 생각했다. 그의 기억과 경험에 가족은 늘 자신을 지지하고 도와주며 서로 긴밀한 관계를 유지했다. 그야말로 행복한 가정이었다. 그의 이런 성장 환경이 형의 빚을 대신 갚아 줘야 한다는 생각으로까지 이어졌다.

약혼자는 막내였고, 그의 위로 형 세 명과 누나가 한 명 있었다. 그는 시골에서 나고 자라 도시의 콘크리트 바닥 대신 푹신한 흙을 밟으며 자랐다. 그가 사는 곳은 대문을 나서자마자 벼가 무르익은 황금빛 들녘이 펼쳐졌고 밤에 고개를 들어 하늘을 보면 무수히 많은 별이 반짝였다. 아버지는 농부였고 어머니도 농사일을 도왔다. 그가 어릴 때는 농번기가 끝나면 온 가족이 마당에 모여서 함께 한 해의 수확을 축하하며 타작하고 낟알을 햇볕에 말렸다고 했다.

약혼자에게 가족은 자신을 보살펴 준 선하고 아름다운 존재였고, 세월이 흐르면서 이런 기억이 그의 마음속에 가족에 대한 강한 애착을 남겼다. 그는 설사 형이 집을 떠난 지 10년이 넘고 가족과 여러 해

동안 소원한 관계로 지냈더라도 형이 여전히 가족이므로 도와야 한다고 여겼다.

이런 가정 환경에서 자란 그의 눈에 나의 말과 행동이 모질게 비치는 것도 어쩌면 당연할지 모른다. 그의 말대로라면 그의 형은 단지 한순간 정신이 나가 사기를 당했고, 그 돈을 카드로 돌려막다가 감당할 수 없을 만큼 빚이 쌓인 것뿐이었다. 내가 형을 도우면 안 된다고 말하면 그는 도무지 이해할 수 없다는 듯 이렇게 반박했다.

"형은 젊고 아직 능력도 있어. 도대체 왜 내가 형의 빚 문제를 도와주면 안 되는 건데? 가족이라면 서로를 믿어 주고 힘들 때 도와줘야 하는 거잖아?"

이 문제로 나는 기분이 시시각각 바뀌었다. 때로는 이성적이고 냉정해졌다가도 때로는 히스테리를 부리고 한바탕 실컷 울고 싶은 심정에 휩싸이기도 했다. 결국 나는 그를 이해시키기 위해서라도 나의 어린 시절 이야기를 끄집어낼 수밖에 없었다. 나는 삼촌이 신체적 장애 때문에 자포자기한 상태에서 도박에 빠진 과거사와 그 일 때문에 가족이 겪어야 했던 고통을 최대한 차분하고 냉정하게 들려주기 위해 노력했다.

나도 부모처럼
살게 될지 모른다는 두려움

일곱 형제 중 장녀로 태어난 엄마는 집안을 돌보며 동생들을 보살펴야 했다. 엄마는 초등학교를 졸업하자마자 그 어린 나이에 머리를 감겨 주는 일을 배웠다. 천성이 부지런했던 엄마는 아침부터 저녁까지 쉬지 않고 손님들의 머리를 감겨 주며 돈을 벌었다. 엄마는 자라면서 제대로 보호받지도, 공주 같은 대접을 받아 보지도 못했다.

이런 팔자는 결혼하고 나서도 크게 달라지지 않았다. 아버지의 동생은 청각 장애인이라 제대로 된 일자리를 잡지 못했고, 몇십 년 동안 하릴없이 빈둥거리며 도박에 빠져 지냈다. 하지만 도박 운도 따라 주지 않아서 늘 본전을 찾으려고 안달하며 도박에서 쉽게 손을 떼지 못했다. 삼촌은 아버지가 30년 동안 일하고 받은 퇴직금도 급하게 필요하다는 핑계를 대고 가져가서는 전부 노름 돈으로 탕진했다. 심지어 도박에 쏟아부으려고 아버지의 월급마저 가져갔다.

그렇게 삼촌은 아버지의 돈을 가져가 노름빚을 갚은 후 다시 도박으로 빚지는 짓을 20년 동안 반복했지만 갱생할 기미가 조금도 보이지 않았다. 그는 아버지가 준 돈을 다 탕진하고 나면 본전을 찾아야 한다며 우리 집에 와서 엄마에게도 돈을 요구했다.

내가 어릴 때 삼촌은 1년에 10번 정도 우리 집을 찾아왔다. 어느 날은 삼촌이 어디엔가 숨어 있다가 엄마가 가게 셔터를 여는 순간 불쑥 튀어나와서는 팔로 셔터를 받치고 죽기 살기로 힘을 쓰며 안으로 비집고 들어왔다. 그때 내 눈에 엄마가 부딪혀 넘어지는 모습이 들어왔다. 순식간의 일이었다. 엄마는 맨발로 바닥에 미끄러져 셔터 아래로 나자빠지는 와중에도 삼촌의 발을 잡고 늘어졌다. 그 순간 삼촌이 무지막지하게 엄마의 머리를 발로 걷어찼다. 둔탁한 소리가 뒤이어 들려왔지만 나는 속수무책으로 멍하니 그 광경을 지켜만 봤다. 그때 삼촌이 엄마 손에서 발을 빼내며 머리카락을 뒤로 쓸어 넘기던 마지막 모습이 지금도 내 뇌리에 또렷이 박혀 잊히지 않는다.

삼촌은 엄마의 금전 출납기에서 지폐 다발을 꺼내서 또 도박 빚을 갚으러 나갔다. 그 후 며칠 동안 엄마는 온몸이 마비된 것처럼 일어서지도 못한 채 감각조차 없는 듯한 다리를 끌며 생활했다. 나는 이 모든 상황이 혼란스러웠고 이해조차 가지 않았다. 병에 걸린 것도 아니고 무슨 큰 죄를 저지른 것도 아닌데 왜 한 사람이 이렇게 큰 고통을 감수하며 살아야 하는 거지? 엄마가 무슨 잘못을 했는데?

다들 사랑은 오래도록 참고 인내하는 것이라고 말한다. 하지만 도대체 얼마나 오랫동안 참아야 하는 건가? 그런 사랑이 과연 삼촌이 정신 차리고 개과천선하여 가족을 위하도록 만들어 줬나? 설마 한 사람에게 관심을 쏟고 사랑을 준다는 건 자신의 즐거움과 행복을 포기해야 가능한 일인가?

엄마처럼 살지 않을 거라고 생각했는데

약혼자 형의 카드 빚 문제를 들은 그때는 내가 왜 그렇게까지 흥분하고 두려움에 떨었는지 그 이유를 알지 못했다. 나중에 돌이켜보니 당시 나는 평생 가족의 빚을 갚으며 그 족쇄에서 벗어나지 못한 엄마를 떠올린 것이 분명했다. 가족은 엄마의 주머니를 탈탈 털어 갔고, 결국 엄마의 수중에는 단 한 푼도 남아 있지 않았다. 나는 잠재의식에 숨어 있던 엄마와 아빠의 삶이 떠올랐고, 이것이 나 또한 부모처럼 살게 될지 모른다는 두려움을 불러일으킨 것이다.

나는 약혼자에게 집안 이야기를 하고 내친김에 또 한 가지 믿고 싶지 않은 사실도 과감히 일깨웠다. 한 번 사고를 친 사람이 스스로 그 고통을 겪어 내지 않으면 똑같은 사고를 계속 치게 돼 있다는 것을 말이다. 하물며 가족애와 동정심이 남다르고 안정적으로 돈을 버는 동생이 뒤를 봐주고 있다면 그런 나쁜 버릇은 더더욱 쉽게 고칠 수 없다.

하지만 이렇게 설득해도 약혼자의 마음은 쉽게 바뀌지 않았다. 나는 최후의 방편으로 약혼자에게 다른 사람들의 의견을 들어 본 후 결정하자고 제안했다. 며칠 동안 그는 가만히 앉아 친구들의 의견을 묵묵히 들을 뿐 아무 말도 하지 않았다. 그의 긴 침묵은 마치 폭풍 전야처럼 긴장감을 키웠다. 긴 기다림에 지칠 무렵 그가 잔뜩 가라앉고 갈라진 목소리로 최후통첩을 하듯 말을 꺼냈다. 고개를 들어 나를 보는 그는 눈이 충혈돼 있었다.

"내가 일하고 돈을 버는 건 사랑하는 사람과 가족을 행복하게 해 주고 싶어서야. 우리는 아직 젊잖아. 지금은 좀 고생스럽겠지만 나중에는 지금을 웃으면서 추억할 날이 올 거고, 모든 게 다 좋아질 거야. 우리 집에서는 형을 도와줄 사람이 나밖에 없어. 내가 모른 척했다가 대부업자들이 부모님을 찾아가 난동이라도 부리면 어떡해?"

"형이 다시 그런 일을 벌이지 않을 거라고 누가 장담할 수 있는데? 이건 형이 신용 카드를 못 쓰게 만든다고 해결될 문제가 아니잖아.

또 사기당하지 말라는 법이 어디 있어?"

나는 흥분한 상태에서 쏴붙이듯 말을 쏟아 냈고, 그는 가만히 앉아 한참을 아무 말도 하지 못했다.

"형도 이번 일을 겪었으니 달라질 거야. 착실하게 일해서 내 돈도 조금씩 갚을 거고."

그 말을 들으니 저절로 눈을 치켜뜰 수밖에 없었다. 내 시선은 그의 손 위에 놓여 있던 나의 손으로 향했다. 나는 서서히 움츠려 그에게서 손을 뗐다. 나는 그때 처음으로 그와 이런 감정싸움을 끝내기로 마음먹었다. 이 문제는 그의 잘못이 아니었고, 내 생각 역시 틀리지 않았다. 결국 해결점을 찾지 못한 채 우리의 결혼 역시 난관에 봉착했다.

한 달이 지났을 무렵 우리 사이에 문제가 생긴 사실을 친한 친구들도 모두 알게 됐다. 엄마는 자신의 팔자를 딸이 그대로 물려받아서 결혼해도 고생길이 훤하겠다며 걱정스럽게 한숨만 내쉴 뿐이었다. 친구들은 이런 일로 헤어지면 내가 우물에 빠진 사람한테 돌을 던지는 것과 다르지 않은 비겁한 행동을 하는 거라고 돌아가며 한 소리씩 했다. 나는 물에 젖은 솜 인형처럼 축 늘어진 채 친구들의 충고와 잔소리에 한동안 시달려야 했다.

　이 돈 문제가 생기기 전까지 나는 엄마의 팔자를 물려받지 않고 나만의 행복한 가정을 꾸릴 수 있을 거라는 꿈에 부풀어 있었다. 그런데 막상 결혼할 때가 되니 생각지도 못한 일이 일어나서 내 인생도 엄마의 운명과 똑같이 흘러갈 판이었다.

돈 문제로
산산조각 나는 가족애

두 달 후 약혼자는 자신의 명의로 8,000만 원을 신용 대출받아 형의 카드 빚을 대신 갚아 줬다. 그리고 우리는 8,000만 원의 빚더미 위에서 결혼 준비를 했다. 결혼식 비용, 예물, 답례품 역시 모두 돈을 빌려 마련할 수밖에 없었다.

2004년 5월, 우리는 결혼식을 올렸다. 그동안 진 빚만 떠올려도 마음이 답답해지고 화병이 생길 지경이었는데 악몽은 여기에서 끝나지 않았다. 신혼 생활과 채무가 동시에 목을 조여 오기 시작했다. 이 모든 것은 내 예상보다 훨씬 더 힘들었다.

결혼 후 나는 국립대만사범대학교에서 박사 과정을 밟으면서 가오

슝(대만 서남부에 있는 제2의 도시·역자)으로 강의를 나가느라 기차를 타고 남북을 오가는 바쁜 생활을 해야 했다. 나의 한 달 벌이는 120만 원 정도였고, 남편의 월급은 170만 원이었다. 두 사람의 돈에서 매달 대출을 갚는 데 52만 원 정도가 빠져나갔고, 시가의 주택 대출금과 부모님 용돈을 보태드리고 나면 남은 돈으로 생활비, 교통비, 보험료 등을 대기도 빠듯했다. 매달 번 돈이 들어오자마자 술술 빠져나갈 때면 숨이 턱턱 막혔다.

남편은 정보 통신 업계에서 일해서 매년 이익 배당금이 통장으로 들어왔다. 그 돈 역시 양가 부모님의 용돈과 밀린 방세로 빠져나갔다. 돈이 들어오기가 무섭게 빠져나가 통장이 텅 비어 버리니 여윳돈을 모으는 일은 언감생심 꿈도 꿀 수 없었다.

결혼 후 여유롭지 못한 생활과 밀려오는 금전적 압박이 계속되자 나는 밤만 되면 불안증에 시달렸다. 그 당시 상하이로 파견 근무를 나가 있어서 내 곁에 있어 주지 못했던 남편은 혼자 힘들어하는 나 때문에 걱정이 이만저만이 아니었다.

남편은 내 건강을 염려해 일을 그만두고 상하이로 와서 편하게 지내라고 설득했고, 나 역시 더는 버티지 못하고 상하이로 떠났다. 그리고 상하이에서 지낸 지 얼마 되지 않아 임신을 했다. 하늘이 내게 준 축복이었다. 임신 사실을 안 그 순간부터 나는 배 속의 아이를 지켜야 한다는 생각에 나 자신을 챙기고 다그치며 삶에 대한 의욕을 다졌다. 그러나 몇 개월 후 또다시 아주버니의 빚 문제가 터져 버렸다.

돈 앞에서 가족도 믿지 말라더니

아주버니는 전화도 받지 않은 채 살던 집에서 이사를 나가 종적을 감춰 버렸다. 그의 카드 빚, 우리가 대신 갚고 있는 대출금은 그대로 인데 정작 그 빚을 갚아야 할 사람은 흔적도 없이 사라진 것이다. 갑자기 우리 통장에서 빠져나가는 지출이 확 늘어났다. 내 배가 점점 부풀어 오르는 동안 남편의 통장 잔고는 점점 줄어들었고, 몇 개월 사이에 남편은 내게 아무 말 없이 통장에 들어 있던 800만 원, 1,200만 원을 어디론가 이체했다. 그 돈이 아주버니의 빚을 갚는 데 쓰였는지 아니면 시가의 주택 융자금으로 들어갔는지 나는 지금까지도 모른다. 우리의 꿈? 우리만의 보금자리? 이런 아름답고 행복한 상상은 모두 연기처럼 흔적도 없이 사라진 지 오래였다.

남편 또한 엄청난 상실감에 휩싸였다. 신뢰를 저 버린 형에 대한 배신감, 아내와 곧 태어날 아이에게 겪지 않아도 될 고생을 하게 만들었다는 죄책감이 그를 괴롭혔다. 그래서인지 그는 망연자실한 표정으로 혼자 현관 앞에 앉아 있을 때가 많았다. 이제는 누구를 믿고, 어떻게 사랑해야 할지 방향을 잃고 혼란에 빠졌다. 모진 시련이었다.

이 모든 일은 평생 치유되지 않을 상처로 남아 그의 인생을 송두리째 무너뜨릴 수도 있었다. 하지만 곧 태어날 아이를 위해서라도 이대로 주저앉을 수 없었다. 게다가 내 몸과 마음도 안심할 수 없는 상태여서 마냥 정신줄을 놓고 지내기도 어려웠다. 남편은 매일 매 순간 자신을 다잡으며 기운을 내려고 애썼다.

나는 이 끔찍한 경험이 그의 마음속에 어떤 변화를 일으켰을지 상상조차 할 수 없었다. 그저 남편이 이전보다 더 말이 없어지고 웃음을 잃어 간다는 것만 느낄 뿐이었다. 그리고 시가에 갈 때면 그의 표정은 말을 붙이기 어려울 만큼 어둡고 잔뜩 굳어 있었다.

2006년 2월 겨울 휴가 때 임신 7개월이 된 나와 남편은 대만에 있는 시가로 갔다. 남편은 거기에서 마침내 화가 폭발해 버렸다. 그날 거실에서 마주 앉은 남편과 시아버지는 서로 언성을 크게 높이며 말다툼을 벌였다. 남편은 우리 부부가 버는 돈으로 아주버니의 채무와 시아버지의 융자금을 갚는 것이 이제 힘에 부친다고 솔직히 털어놓았다. 그리고 시아버지에게 놀려 두고 있는 땅을 가능한 한 빨리 팔아서 주택 융자금과 채무를 청산해 달라고 최후통첩을 날렸다. 시아버지는 10년 전에 땅을 팔아 융자금을 갚을 계획이었다. 하지만 무슨 이유에서인지 땅을 사려는 사람이 나타날 때마다 이런저런 핑계로 계속 계획을 미뤘고, 결국 지난 10년 동안 자식들이 그 빚을 나눠 갚아야 했다.

어쩌면 시아버지는 내게 양심의 가책을 느낄지도 모른다. 나는 결혼 후 늘 걱정과 불안에서 헤어 나오지 못했고, 임신한 후에도 시가에서 배를 끌어안고 서럽게 우는 모습을 자주 보였다. 그때마다 시아버지는 어찌할 바를 모르며 한숨만 내쉴 뿐이었다. 남편은 곧 태어날 아이를 생각하니 마음이 조급해졌고, 가족에 대한 믿음마저 깨지자 더는 참지 못하고 가장 사랑하고 믿었던 사람들을 향해 분노를 드러냈다.

시아버지는 상당히 보수적이고 가부장적인 사람으로, 평생 시골에서 농사를 지으며 가족 간의 위계질서와 화목을 무엇보다 중요하게 생각하며 살아왔다. 시아버지에게 자식, 특히 아들은 당연히 부모를 봉양하고 부모에게 순종해야 하는 존재였다. 그런데 아들이 며느리 앞에서 자신의 체면을 깎아내리고, 함부로 말하며 가르치려 들자 시아버지의 분노 역시 선을 넘고 말았다. 그날 오후 시아버지는 우리를 집 밖으로 쫓아냈다.

나는 태어나서 처음으로 나의 처지에 절망하며 새삼 한 가지 사실을 깨달았다. 우리는 누구나 자신의 입장과 고집, 바람이 있다는 것이었다. 그리고 그것을 지키기 위해 상대방의 입장과 고집을 비난하고 그들의 바람에 트집 잡는 악순환을 되풀이한다. 남편과 시아버지도 악의를 품고 말한 사람은 없었다 해도 결과적으로 모두 상처를 입고 말았다.

당시 내 심정은 실망을 넘어 절망에 가까웠다. 나와 남편, 시아버지가 모두 상처를 입고 고통에 시달리는데도 내가 할 수 있는 일은 아무것도 없었다. 나는 그 고통에서 벗어나기 위해 요가도 배우고, 육아 서적을 보고, 아이 장난감을 사 모으며 관심을 다른 곳으로 돌리려고 애썼다. 그런 식으로 나는 아무 일도 없었던 것처럼 문제를 덮어 둔 채 곧 세상에 태어날 아이만을 생각하며 두려움 속에서 만삭의 시간을 버텨 냈다.

어쩌다 내 인생이 이렇게 된 걸까?

2006년 4월 12일 마침내 찾아온 출산의 과정은 불행하게도 전혀 순조롭지 않았다. 그날 한밤중에 나는 차가운 분만대에 누워 겁에 잔뜩 질려 있었다. 의사와 간호사가 옆에서 도와줬지만 나는 힘 조절을 제대로 할 줄 몰라 2시간이 넘도록 산통에 시달렸다. 그 탓에 아이는 산도에 걸려 빠져나오지 못해 숨이 넘어가기 일보 직전이었다. 3시간쯤 흘렀을 때 나는 분만대 위에서 정신을 잃었다. 아이는 겸자, 진공 흡입기, 마취제의 도움을 받고 나서야 마침내 세상 밖으로 모습을 드러냈다.

마취에서 깨어나자 충격의 후유증이 온몸에 고스란히 나타났다.

정신은 몽롱하고, 입술은 바싹 말라붙었으며, 하혈량도 많았다. 나는 햇빛에 바싹 말린 옥수수수염처럼 늘어져 손가락 하나 까딱하기도 힘들었다. 태어나서 처음으로 가장 나약하고 무기력한 상태였다. 하지만 그때까지만 해도 더 엄청난 재앙이 어둠 속에 도사리고 있을 거라고는 꿈에도 생각하지 못했다.

열흘 후 타이중 시툰 구역에서 대형 화재가 발생했다. 그곳은 바로 우리 집이었다. 당시 상황은 소방차 세 대가 출동하고 방송국에서 현장에 나가서 중계방송을 할 정도로 아주 심각했다. 그때가 정오였다. 태양이 뜨겁게 내리쬐고 공기는 건조한 데다 바람까지 강하게 불었다. 텔레비전 화면 속에서 카메라가 화재 현장을 찍고, 리포터는 실시간으로 상황을 전했다.

나는 침대에 웅크리고 앉아 텔레비전 화면을 응시했다. 불길이 점점 거세게 타오르다 한순간 폭발하자 거대한 불덩어리가 하늘로 치솟았다. 그걸 보자 머릿속이 하얘지고 아무 소리도 들리지 않았다. 목이 콱 막힌 것처럼 아무 소리도 낼 수 없었다. 충격적인 상황 앞에서 비명을 지르며 발악하는 것은 드라마에서나 나오는 장면이었다. 우리 가족의 추억이라고 할 모든 것이 화마에 휩쓸려 흔적도 없이 사라져 버리는 순간이었다. 나는 폐부 깊숙이에서 터져 나온 비명이 목구멍을 통과해 곧장 두개골을 뚫고 지나가는 듯했다. 그것은 마치 내 머릿속에 납물을 들이부어 그 물기둥이 두개골을 따라 눈과 귀, 미간으로 흘러 들어가 콧속까지 퍼지는 듯한 끔찍한 고통이었다. 모든 것이 무너져 내렸다.

　결혼 전 터진 아주버니의 빚 문제가 내게 한 차례 타격을 준 거라면, 그때의 화재는 나를 거의 죽음의 문턱까지 몰고 갔다. 그 일이 벌어졌을 때 나는 그때까지 끌어안고 있던 투지, '무슨 일이 있어도 극복해 낼 수 있다'고 믿었던 자신감, 삶에 대한 의지, 끈기를 한순간에 모두 잃어버렸다.

　나는 가혹한 운명 앞에 무릎 꿇은 채 모든 것을 포기하고 싶었다. 나와 남편이 모아 둔 돈은 이미 바닥났고, 아주버니의 채무와 시부모의 주택 융자금 상환은 여전히 진행 중이었다. 여기에 새로운 돈 문제가 또 터지기라도 하면 나와 남편 그리고 갓 태어난 아이의 미래는 어떻게 될까? 우리의 이번 생은 누군가를 살리기 위해 일하고, 또 누군가의 노예로 살다 끝나야 하는 걸까?

　그날 나는 화재 장면을 보면서도 눈물 한 방울 흘리지 않았다. 밤이 돼서도 마찬가지였다. 그저 무기력하게 침대에 누워 강물에 던진 조약돌처럼 하염없이 바다 깊은 곳으로 가라앉듯 간신히 숨만 붙이고 있었다. 침대 옆에 누워 있던 아이의 이마를 쓰다듬는데 괜스레 코끝이 시큰해졌다. 아이는 아무 죄가 없었다. 나 같은 부모의 자식으로 태어났다는 이유로 이 아이 역시 우리처럼 돈 걱정을 하고, 빚에 시달리며 살아야 하는 건가? 아이가 갑자기 재채기를 했다. 그 소리는 너무나 미약하고 가늘었다. 나는 한 손을 아이의 가슴 위로 가져다 댔다. 아이의 따스하고 작은 심장이 콩닥콩닥 뛰는 느낌이 그대로 전해졌다. 그것은 마치 사람이 아니라 새의 심장 소리처럼 느껴질 정도로 연약했다.

나는 아기의 뺨에 코끝을 가져다 댔다. 누군가가 아기의 머리카락을 뒤로 쓸어 넘긴 듯 뽀얗고 둥그런 이마가 드러나 있었다. 주먹을 쥔 아기의 작고 앙증맞은 손과 가늘게 뜬 실눈을 보고 있는데 갑자기 제방이 한순간에 무너지듯 눈물이 터져 나왔다. 나는 입술을 깨문 채 침대가 흔들릴 만큼 어깨를 들썩이며 서럽게 울었다. 한 번 울음이 터지자 분노도 따라서 울컥울컥 치밀어 올랐다.

스스로 하고자 하는
사람에게 못할 일은 없다

어린 시절 내내 내 방은 베란다였다. 우리 가족은 가게가 딸린 2층 짜리 집에 월세로 들어가 1층에서 가게를 하고, 2층에서 살림을 했다. 고작 15평 남짓한 공간이었다. 가게에서 일을 배우는 17살짜리 직원 세 명과 부모님, 언니, 여동생, 나까지 여덟 명이 살기에는 턱없이 좁았다.

어릴 때부터 우리 집은 방에 들어서면 바닥이 보이지 않았다. 침대가 방 안을 거의 다 차지했고, 침대 위로 옷과 이불이 잔뜩 쌓여 있었다. 방에서는 늘 퀴퀴한 냄새가 났고, 공기가 꿉꿉하고 답답했다. 그곳에서 지내는 것은 마치 목화로 가득 찬 동굴 안에 사는 느낌이었다. 그러다가 13살이 되던 해에 나는 그 동굴 같은 곳에서 벗어날 유일한 탈출구를 찾아냈다. 바로 베란다였다. 나는 좁은 베란다에 벽돌 몇 개를 받쳐 놓고 길고 두꺼운 나무판을 깔았다. 그 위로 얇은 천을 천막처럼 치고, 접이식 탁자를 발아래 쪽에 두어서 태어나서 처음으로 나만의 방을 완성했다.

그 방에서 자는 것은 흡사 관 속에 누워 있는 것 같았다. 몸을 돌리거나 크게 움직이기조차 힘들었다. 하지만 나만의 방을 가진 것만으로도 너무 좋아서 그런 불편함은 기꺼이 견뎌 낼 수 있었다. 밤이면 바퀴벌레가 내 발 옆을 기어 다녔지만, 그럴수록 나는 더 이를 악물고 접이식 책상 앞에 앉아 마음을 다잡기 위한 말들을 공책에 꾹꾹 눌러 썼다.

'열심히 공부해서 돈을 아주아주 많이 벌고, 성공해서 사람들에게 존경받는 그런 사람이 되자. 난 무슨 일이 있어도 이 시장 바닥에서 벗어날 거고, 내 힘으로 내 운명을 바꿀 거야.'

그때부터 나는 운명과 맞서기 위해 투지를 불태우며 엄청난 노력을 쏟아부었다. 돈이 없어서 학원에 갈 수 없었지만 이가 없으면 잇몸으로 살 듯 녹음기를 들고 다니며 수업을 녹음해서 복습하고, 10만 자에 달하는 문학사를 통째로 외우며 무조건 1등을 하기 위해 집념을 불태웠다. 25살에 대학원에 진학해서는 동기 중 가장 많이 논문을 발표했고, 3년 연속으로 논문상을 받았다. 박사 과정 선발 시험에서도 나와 대적할 상대가 없을 정도였다. 나는 30살이 되기 전에 박사 학위를 받고, 32살에 대학 전임 강사가 되고, 40살에 교수가 되겠다는 인생 계획을 세웠다.

나의 투지는 하늘을 찔렀다. 강한 의지로 계획을 밀어붙이며 나를 가로막는 모든 장애물을 보란 듯이 뛰어넘었다. 결혼 전에 벌어진 아주버니의 카드 빚 문제도 탱크 바퀴로 밟듯 흔적도 없이 짓밟고 지나가 버릴 작정이었다. 그때까지만 해도 나는 스스로 하고자 하면 못할 것이 없다고 믿었다.

내 여동생은 아직 학생이고, 언니는 일할 능력이 전혀 없었다. 집안의 경제를 책임지고 빚을 갚을 사람은 나밖에 없었다. '하지만 내가 이 집안의 빚을 어느 정도까지 감당해야 하는 건가?' 나는 겁이 덜컥 났다. 만약 가족 중 누군가가 죽거나 크게 다쳐서 평생 장애를 안고 살아야 한다면 우리 집의 채무는 갈수록 쌓일지 모른다. '그럼 얼마나 긴 세월이 흘러야 빚을 모두 청산하고 그 늪에서 벗어날 수 있을까?' 여기까지 생각이 미치자 머리카락이 쭈뼛거리고 온몸에 소름이 돋았다. 그렇지만 나는 아무리 힘들어도 포기할 수 없었고, 아이를 위해서 끝까지 살아 내야 했다.

이때부터 나는 무슨 일을 해야 돈을 가장 많이 벌 수 있을지 궁리하기 시작했다. '입시 학원 강사라도 해 볼까?' 같은 생각도 잠시, 그날 밤 나는 그 어떤 상황에서도 위축되거나 절망하지 않을 만큼 돈을 벌어야겠노라고 결심했다.

그날 이후의 시간은 마치 꿈결처럼 흘러갔다.

16년 만에 깨달은
재테크 성공의 비밀

화재가 일어난 후 14년 동안 나는 내 능력을 최대치로 끌어올려서 할 수 있는 모든 일을 닥치는 대로 했다. 우선 사이버 교육 과정을 신청해 회계, 외환, 세법을 공부하며 금융 지식을 채워 나갔다. 그리고 그 지식을 바탕으로 계좌를 개설해 국내외 주식을 사들이고, 가계 예산을 세우고 기록했다. 부동산도 가격 협상 과정을 거쳐 싼 가격에 매입했다. 이후 벽, 천장, 파이프라인 등의 구조 변경과 관련된 주택 리모델링과 실내 가구, 조명, 장식, 예술품 등으로 변화를 줄 수 있는 실내 인테리어에 관한 전문 지식도 쌓아서 그것을 활용해 임대료를 올렸다. 또한 보험 증서를 정리하며 보장 항목을 조목조목 검토했고,

유가 증권과 선물을 공부하며 지렛대 효과를 노려 보기도 했다.

나는 이렇게 하는 동안 재테크 관련 책을 200권 가까이 읽고, 1만 2,000시간을 쏟아부어 주식 거래를 하고, 1만 시간을 들여 집을 골랐다. 이 노력은 14년이 지나서야 마침내 그 성과가 조금씩 드러나기 시작했다. 나는 꽤 많은 돈을 모았고, 알짜배기 땅에 자리 잡은 부동산 몇 채와 약간의 땅 그리고 저가에 사들인 주도주들을 손에 쥐었다. 돈을 벌기 위해 선택한 정공법이 틀리지 않았다는 것이 증명된 셈이었다. 그 세월 동안 나는 수많은 일을 겪어 냈다.

나는 주식과 부동산 공부를 처음 시작할 때만 해도 재테크의 성패가 온전히 나의 능력, 즉 나의 의지, 투지, 이성에 달려 있다고 생각했다. 그런데 돌이켜보니 그것은 나의 오산이자 착각이었다. 나는 종종 이런 생각을 해 봤다.

만약 남편이 내가 재테크를 위해 내린 결정을 믿고 지지해 주지 않았거나, 나와 함께 위험을 감수할 각오를 하지 않고 변화를 두려워했다면 어떻게 됐을까? 우리가 그 길을 걸어오는 내내 의견이 충돌하고 서로를 원망했다면 과연 끝까지 성과를 낼 수 있었을까?

엄마 역시 다시 돈을 벌고, 투자하고, 장사할 만한 능력을 갖추고 있었을지 모른다. 하지만 엄마가 아무리 출중한 능력을 바탕으로 노력을 쏟아붓는다 해도 삼촌의 협박과 강탈을 해결하지 못하면 절대 자신을 보호할 수 없었다. 그 문제가 해결되지 않는 한 여전히 벽에 부딪히며 별다른 성과를 거둘 수 없었을 것이다.

나의 남편은 어떨까? 설사 남편이 성실하게 일해서 다시 돈을 모을 수 있다고 해도 가족의 채무 문제를 조정하지 못한다면 모든 투자의 집행력, 효율, 목표 그리고 그동안 모아 둔 자금과 성과는 순식간에 물거품이 될 수 있었다.

재테크를 잘하려면 관계부터 다스려라

지난 수년 동안 재테크에 관한 다양한 책이 시장에 나왔지만, 하나같이 자신의 경험담에 그쳤다. 자신이 어떻게 돈을 절약했고, 어떤 주식을 선택했고, 어떻게 세금을 줄이고, 어떤 식으로 투자했는지에 대한 내용이 대부분이었다. 그들의 말대로라면 재테크를 시작만 하면 아무 장애물도 없이 누구나 부자가 될 수 있다. 가족이나 타인의 간섭이나 방해도 없이 오로지 자신의 능력만으로 재테크가 가능한 셈이다. 이것은 마치 정교하게 만든 작은 배를 진공 유리병에 담는 것과 다르지 않다. 그 배는 절대 항해할 수 없을 것이다.

삶은 주변 사람들과 함께 만들어 가는 긴 서사시와도 같다. 재테크 역시 자신의 능력치만 최대로 끌어낸다고 해서 성공할 수 있는 것이 아니다. 많은 경우 가장 가까운 사람과의 관계를 더 잘 처리해야 성과를 제대로 거둘 수 있다. 나는 시간이 흐른 후에야 마음을 열고 다른 사람이 재테크 과정에서 겪은 문제점에 귀를 기울일 수 있었다. 그리고 그 과정에서 모든 사람의 이야기에 한결같이 가족이 등장한다는 사실을 깨달았다.

사치스러운 부인, 도박에 빠진 남편, 사고뭉치 시어머니, 투자에 실패한 시동생…. '가족'의 이름으로 묶여 있는 이들은 모두 통제 불능한 존재들이다. 사치스러운 부인은 모아 둔 돈을 물 쓰듯 하고, 도박에 빠진 남편은 가족을 빚더미 위에 앉히고, 사고뭉치 시어머니는 보너스라도 들어올라치면 귀신같이 사고를 일으키고, 투자에 실패한 시동생은 부모의 퇴직금을 날린다. 이런 인물들이 모두 재테크의 성공을 가로막는 핵심이자 문제아들이다. 이 문제를 해결하지 못하면 재테크는 물 건너갔다고 봐도 무방하다.

가끔 내가 시아버지는 물론 남편과 제대로 소통하는 법을 알았다면 어땠을지 생각해 볼 때가 있다. 그들의 처지를 이해하고 그들의 원칙과 꿈을 존중할 수 있었다면 상황이 달라지지 않았을까? 그때 내가 혼란스러운 감정을 추스르고 이성적으로 대처할 줄 알았다면 상처와 충격도, 고통과 눈물도 줄였을지 모른다.

내가 처음 재테크에 뛰어들었을 때만 해도 나는 스스로 능력에 대한 믿음이 없었다. 나는 이과 출신도 아니고 경제, 회계, 경영 지식도 전혀 없었기 때문이다. 그럼에도 지난 몇 년간 내가 쓴 책들은 차별

돈 문제부터 해결하라

화된 내용으로 수많은 사람을 재테크의 길로 안내했다. 타이중에 사는 45살 여성 독자는 내 책을 읽고 용기를 내서 자신의 카드 빚 문제와 정면으로 마주했다. 장화에 사는 38살 독자도 이 책을 읽고 난 후 악화일로를 걷던 가정 경제를 더는 회피하지 않고 자신과 아이를 위해 재무 지식을 차근차근 배우기로 결심했다. 신주에 사는 42살 남성은 책에 밑줄을 긋고 중요한 내용을 노트에 적으며 공부를 해서 처음으로 용기를 내 여윳돈으로 주식을 샀다. 이들은 그런 식으로 퇴직 후의 삶을 위해 작은 노력의 첫걸음을 내디뎠다.

나는 이런 경험을 통해 비로소 내가 하는 일에 믿음과 자부심을 가질 수 있게 됐다. 또한 내 이야기로 타인을 위로하고, 더 나아가 그들이 용기를 내 마음먹은 바를 행동으로 옮길 수 있도록 도울 수 있다는 사실에 경이로움을 느꼈다. 이것은 내가 할 수 있고, 잘 해낼 일이자 타인을 도울 수 있는 일이었다.

그리고 나는 이 일을 계기로 나의 이야기가 금전적 위기에 직면한 사람들이 겪는 전형적인 케이스라는 사실을 알게 됐다. 현실에서 우리는 가까운 지인, 가족과의 돈 문제를 회피할 방도가 없다. 그래서 이런 문제는 반드시 정면으로 부딪쳐 처리하고 넘어가야 한다. 우리는 누구나 돈과 인간관계에서 생기는 문제로 스트레스를 받을 수밖에 없다. 대부분 돈 문제와 그것으로 인한 인간관계의 압박을 동시에 받기 때문이다. 더구나 사람 문제는 돈 문제보다 곤란한 경우가 많아서 더 골치 아프다. 그러므로 반드시 그 문제를 해결하고 명확한 선을 그어야 한다. 나는 재테크를 하기에 앞서 사람을 먼저 다스릴 줄 알아야 한다고 믿는다.

돈 문제는
곧 사람 문제다

사람 문제는 늘 난제다. 그중에서도 가족 문제는 난제 중의 난제라 할 수 있다. 사람은 누구나 자신만의 원칙과 가치관이 있고, 그것은 가족 역시 마찬가지이기 때문이다.

'나는 어떻게 살아야 할까?'

'나는 무엇을 추구하며 살아야 할까?'

'나는 무엇을 받아들이고 무엇을 바꿔야 할까?'

'내가 노력해서 손에 넣을 만한 가치를 가진 것은 과연 무엇일까?'

'얻는 것보다 잃는 것이 더 많다면 어떻게 해야 할까?'

이런 질문은 가족 사이에도 고스란히 적용되며 갈등을 낳는다. 가족 사이에 가장 큰 마찰을 일으키는 원인은 대부분 가족 구성원마다 다른 관념이다. 삼촌의 도박 빚, 아주버니의 신용 카드 빚, 시아버지의 주택 융자금, 나와 남편 사이를 힘들게 했던 냉전의 시간, 남편과 시아버지의 불화와 싸움 등 끝을 알 수 없는 갈등, 다툼, 위축, 원망이 재테크를 결심한 사람을 무력하게 만든다. 심지어 재테크 과정에서 근본적인 결핍을 메울 당위성조차 잃게 되면 행동은 마비될 수밖에 없다. 문제는 이것이 나에게만 국한된 경험이 아니라는 것이다.

나는 지난 16년 동안 나에게 재정적 곤란을 안긴 그 일에서 벗어나지 못한 채 살아왔다. 나는 지금의 내가 그때로 다시 돌아간다면 어떻게 행동했을지 가끔 궁금해질 때가 있다.

아주버니의 카드 빚 문제를 어떻게 해결했을까?
남편과는 어떤 식으로 소통하며 갈등을 줄였을까?
아들에 대한 시아버지의 노여움과 실망감을 어떻게 풀었을까?

이런 생각의 끝자락에서 확실히 깨달은 한가지가 있다. 재테크에 성공하려면 이런 문제를 절대 포기하지 말고 끝까지 해결점을 찾아 정리해야 한다는 것이다.

이것은 흡사 재테크 관련 시험을 볼 때 무려 25점이 배정된 '돈과 사람'에 관한 주관식 문제를 절대 포기하면 안 되는 것과도 일맥상통한다. 이 시험에서 고득점을 노린다면 이 문제를 절대 건너뛰면 안 된다. 다시 말해 돈을 모아 부자가 되고자 뜻을 세웠다면 반드시 이 난제를 해결하는 데 초집중해야 한다. 나는 운이 좋게도 이 난제를 풀 실마리를 찾았다.

돈에 대한 각자의 가치관

지난 몇 년간 '돈과 인간관계'에 관한 책은 거의 찾아볼 수 없었다. 재테크 서적들은 하나같이 주식 분석과 거래, 자금 운용, 경제학, 화폐학, 부동산, 부자가 되기 위한 심리학, 부자들의 성공 스토리, 경제 동향 등에 국한될 뿐이었다. 사실 돈과 인간관계에 대해 언급한 책이 없다고 해서 이 주제가 언급할 가치조차 없는 것은 결코 아니었다.

그러다 어느 날 국립도서관 한구석에서 절판된 책 한 권을 발견했다. 그 책은 《사랑과 돈(Love and Money)》이었다. 나의 흥미를 자극하기에 충분했던 이 제목을 보는 순간 나는 눈이 반짝이고 심장이 두근거렸다. 나는 서가에서 얼른 책을 뽑아 저자 소개부터 찾아봤다.

저자 조나단 리치는 심리학 박사이자 저명한 부부 가계 관리 카운슬러다. 조나단 리치는 캘리포니아에 거주하며 부부 사이에 생긴 돈 문제와 갈등을 가치관, 습관, 꿈, 목표 등의 요소와 함께 고려하며 해결할 수 있도록 도왔다. 책장을 무심코 넘기다 동심원의 그림이 눈에 확 들어왔다. 나는 원을 따라 손가락을 움직이며 어느새 그 원 모양에 깊이 빠져들었다. 조나단 리치는 이 원을 '머니 서클(money circle)'이라고 불렀다.

머니 서클

사람은 누구나 자신만의 머니 서클을 갖고 있다. 머니 서클의 각 동그라미는 '내 돈을 쓸 수 있는 사람'을 의미한다. 어떤 사람의 머니 서클은 본인만 존재할 정도로 작다. 이런 사람은 자기가 번 돈은 자기 선에서 소비한다. 또한 타인과의 경계선이 명확해서 서로 각자의 돈 사정에 전혀 간여하지 않는다.

반면에 어떤 사람의 머니 서클은 상당히 크다. 부모와 형제는 물론 친척과 친한 친구들까지도 포함돼 있다. 이런 사람은 자신의 돈을 공유하는 존재다. 그의 머니 서클은 점점 확대될 수밖에 없다.

돈 문제부터 해결하라

이 머니 서클을 보는 순간 나는 미간이 좁아졌다. 내 남편은 "내가 일하는 목적은 나 자신과 내 가족(나와 가깝게 연결돼 있는 사람)의 행복을 위해서이기도 해"라고 말했었다. 나는 머릿속으로 남편과 나의 머니 서클을 그려 봤다. 그리고는 두 개의 머니 서클을 재빨리 비교해 보며 놀라움을 금치 못했다.

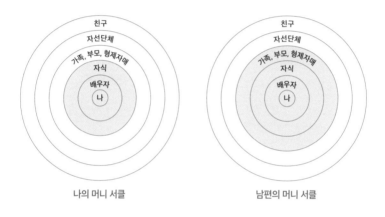

나와 남편의 머니 서클은 그 범위가 완전히 달랐다. 그의 동그라미는 내 것보다 확연히 컸다. 아주버니의 카드 빚 문제로 우리가 그렇게 갈등을 빚은 이유가 바로 여기에 있었다. 보이지 않고 말로 온전히 표현할 수 없는 우리의 가치관이 이렇게 큰 차이가 났던 것일까?

나는 이 책을 보면서 돈과 관련된 한 사람의 의지, 신앙, 가치관도 이렇게 구체적이고 명확하게 그려 낼 수 있을지 궁금해졌다. 가령 깊숙이 숨어서 보이지 않는 의지를 이 도표를 이용해 겉으로 드러내고, 대조하고, 정리할 수 있다면 나와 남편의 냉전과 시아버지와 남편의 다툼 같은 문제에서 소통과 화해를 끌어낼 수 있지 않을까?

지난 몇 년 동안 나는 수많은 인생 스토리를 들었다. 우리는 돈에 관해 이야기하지만 그것은 결국 인생 이야기로 이어졌다. 그 스토리에는 가족에게 돈을 뜯기고, 괴롭힘당하고, 미움을 사고, 사랑받고, 의지하는 존재가 되고, 또 배신당하는 일련의 과정이 담겨 있었다. 사람들의 이야기는 구슬픈 울음소리를 실은 채 계곡의 시냇물처럼 이리저리 굽이치며 산골짜기 깊은 곳까지 흘러 들어간다. 내가 겪은 어려움은 나만의 문제가 아니라 모든 사람이 겪는 문제이기도 했다.

나는 나와 사람들을 위해 무엇인가 할 수 있을 거라는 확신이 생겼고, 가능한 한 빨리 시작하고 싶어졌다. 어쩌면 지금 당신에게도 이 책이 문제를 해결할 단서를 줄지도 모른다. 나 역시 이 단서를 통해 얽히고설킨 갈등의 실뭉치에서 문제 해결의 실마리를 찾아낼 수 있었다.

돈 문제부터 해결하라

재테크를 방해하는
5가지 갈등

그 후 나는 주변에서 접하는 이런 종류의 이야기에 더 민감하게 주의를 기울였다. 마구잡이로 투자에 올인하는 삼촌, 도박에 빠진 엄마, 책임감 없는 고모, 주식에 미쳐 퇴직금까지 날린 아버지 등 그 종류도 다양했다. 여러 해에 걸친 관찰을 통해 나는 이런 시련 속에 존재하는 일정한 모델을 발견했다. 모델은 5가지 유형으로 나뉘었다.

1. 머니 서클과 관련된 문제
'동생이 빌린 돈을 내가 같이 갚아야 할까?'

'내 돈을 쓸 수 있는 사람'을 어느 범주까지 허용해야 하는지를 가리킨다. 예를 들어 남편의 형은 내 머니 서클에 속하지 않지만, 남편의 머니 서클에는 속한다. 우리 부부의 머니 서클 범주가 다르다 보니 분란과 갈등의 불씨가 언제 다시 타오를지 알 수 없다. 수많은 부부 사이에 이와 유사한 문제가 존재한다.

2. 금전적 의존과 관련된 문제

'시누이가 이혼하고 시가에 얹혀살면서 나에게 생활비 부담을 준다면 어떻게 해야 할까?'

가족 안에서의 감정적 의존이 금전적 의존으로 전이된 것을 가리킨다. 내 삼촌처럼 형제 부부에게 장기간 의존하며 마치 맡겨 놓은 돈을 찾아가듯 돈을 빼내서 도박에 탕진하는 것이 전형적인 예라고 할 수 있다.

3. 금전적 의무와 관련된 문제

'시아버지가 한 달에 100만 원의 생활비가 필요하다고 한다면 어떻게 해야 할까?'

어떤 신분을 대상으로 금전적 책임을 다해야 하는 것을 의미한다. 일반적으로 이 책임을 둘러싸고 이견이 존재하기 때문에 가족 간에 얼마든지 충돌과 갈등을 빚을 수 있다. 내 시아버지는 아들이 당연히 자신의 주택 대출금을 대신 갚아 줘야 한다고 여겼지만, 아들의 불만은 점점 커졌다. 이것은 결국 충돌로 이어졌고 우리 부부에게 엄청난 정신적 스트레스를 줬다.

4. 소비 성향과 관련된 문제

'시어머니가 돈을 너무 물 쓰듯 쓴다면 어떻게 해야 할까?'

이 문제는 돈 쓰는 습관과 관련돼 있다. 부부는 물론 함께 사는 가족도 각자 먹고 노는 데 쓰는 기준이 다르다 보니 이 또한 적잖은 스트레스다. 이런 스트레스는 가랑비에 옷깃이 젖듯 자기도 모르는 사이에 한 사람의 저축 효율에 심각한 타격을 준다.

5. 돈에 관한 청사진과 관련된 문제

'남편은 삶의 질에 문제가 없다고 여기지만, 나는 만족할 수 없다면 어떻게 해야 할까?'

부부나 가족 사이에 인생 시나리오가 다른 것을 가리킨다. 사람은 누구나 현재와 미래에 어떻게 살아야 할지 대략 그림을 그리며 산다. 가령 부부가 인생 계획이 서로 다르면 다툼이 끊이지 않을 것이다. 재테크를 할 때도 돈을 아껴 쓰거나 위험을 감수하며 투자를 하는 등의 문제를 둘러싸고 계속 갈등을 빚을 수밖에 없다. 이것은 각자 머릿속에 그리고 있는 인생의 시나리오와 관련이 있다. 만약 부부의 인생 시나리오가 조화를 이루지 못하면 가정의 재테크를 위한 두 사람의 노력도 물거품이 되기 쉽다.

이 5가지가 바로 재테크를 가로막는 갈등 요소다. 대부분 사람이 겪는 돈과 가족 간의 갈등이 모두 이 범주 안에 해당한다. 나는 5가지 갈등 요소를 자세히 들여다보면서 깊은 생각에 잠겼다. 이것을 분류하고 정리하는 과정은 나에게 문제에서 멀찍이 떨어져 객관적으로 볼 수 있는 시야를 가져다줬다. 그 덕에 나는 더 넓은 시야를 통해 내가 처했던 지난 상황을 바라보고, 그때의 감정과 화해하며 심리적 안정을 얻을 수 있었다. 이런 안정감은 나의 통찰력을 더 높였다. 그러다 문득 이 갈등 요소들이 모두 '금전적 경계선'을 가리키고 있다는 사실을 깨달았다.

내가 어디까지
책임져야 하는가?

금전적 경계선은 심리학자 핸리 클라우드 박사와 존 타운슨드 박사가 《바운더리스(Boundaries)》에서 언급한 개념이다. 여러 해 전에 나는 우연히 이 책을 접했다.

핸리 클라우드 박사와 존 타운슨드 박사가 제기한 금전적 경계선은 '지갑의 경계선'이라고도 할 수 있다. 두 사람은 금전적 경계선을 뒷마당 잔디 주위에 쳐진 울타리에 비유했다. 그 울타리가 있기에 우리는 내 집 마당의 잔디 높이가 어느 정도인지 정확히 알 수 있다. 우리가 어디까지 물을 주고, 비료를 뿌리고, 잔디를 깎아야 하는지를 알려 주는 것도 그 울타리의 역할이다. 그 덕에 우리는 어떤 일이 나의 책임 범주에 속하고, 또 어떤 일이 타인의 책임 범주에 속하는지 분명히 알 수 있다.

누구나 자기 집 마당의 잔디를 책임져야 한다. 그것이 우리의 관리 범주에 들어 있기 때문이다. 상상해 보자. 우리가 집 마당에 설치한 스프링클러를 틀었는데 그 물줄기가 계속 이웃집 잔디로 간다면 어떻게 될까? 얼마 지나지 않아 내 집 잔디는 바싹 마르고, 반대로 이웃집 잔디는 푸릇푸릇하게 윤기가 흐를 것이다. 이것이 나의 '경계선 안에 있는 것'을 제대로 관리하지 못한 대가다. 당신의 울타리는 이웃집 잔디까지 포함하는가? 아니면 당신 집 잔디만 포함하는가?

돈의 경계선을 잃으면 매우 혼란스럽고 위험한 상황이 닥칠 것이다. 경계선 안에서 당신이 마땅히 소유하고 누려야 할 생활도 경계선을 잃는 순간 사라지게 된다. 살다 보면 우리는 연민의 마음으로 돈을 들여 타인을 돕는다. 하지만 그들을 돕는 일이 도리어 자신의 마음을 불만과 분노로 가득 차게 만들 수 있다. 이런 식으로 타인은 당신에게 속해 있던 돈의 경계선을 침범한다.

이것은 16년 전 나에게 일어났던 아주버니의 카드 빚 문제와도 일맥상통한다. 그 당시 아주버니 정원의 잔디는 모두 시들어 버렸다. 그가 자신의 정원에 물과 비료를 주며 책임지고 가꾸지 않아 생긴 결과였다. 결국 내 남편이 그의 정원으로 들어가 대신 잡초를 뽑고, 물과 비료를 줄 수밖에 없었다. 그러다 고개를 돌려 보니 남의 집 뒷마당을 신경 쓰느라 정작 자기 집 마당의 잔디는 다 시들게 놔두고 말았다. 남편과 아주버니는 '돈의 경계선'을 잃어버렸고, 두 사람 모두 자신의 울타리 안에 있는 잔디를 끝까지 책임지지 못했다.

사실 경계선을 명확히 긋는 것은 자신뿐 아니라 타인을 보호하는 행동이기도 하다. 우리는 자신이 가진 것을 지키고 보살필 줄 알아야 한다. 울타리를 치는 행위를 통해 우리는 서로의 영역을 한 발자국 떨어져서 바라보고 도움이 필요할 때 손을 내밀 수 있다. 다만 도움을 준다는 것은 울타리를 넘어가거나 상대방을 대신해 그 잔디를 보살피는 것을 의미하지 않는다. 그를 사랑하는 것은 가능하지만 그가 돼서는 안 된다.

돈의 경계선을 긋는 것은 5가지 갈등 요소를 해결할 때 관건이 되는 중요한 능력이다. 이 5가지 갈등이 모두 경계선 문제에 속하기 때문이다. 소비 성향과 관련된 문제, 돈에 관한 청사진과 관련된 문제의 경우 부부 사이에 그 경계선이 지나치게 명확하면 화합에 걸림돌이 된다. 그럼 결국 덧칠을 해서라도 그 선을 지우는 문제가 발생할수 있다.

머니 서클, 금전적 의존, 금전적 의무는 친척, 형제, 부모, 자녀 사이에 존재하는데, 경계선이 지나치게 모호하면 분명하게 선을 긋는 작업이 필요하다. 결과적으로 이 모든 것은 경계선 문제에 속한다.

금전적 경계선

나는 심리학, 잠재의식, 재테크 지식을 총동원해 지난 16년 동안 쌓아 온 나의 재테크 경험과 결합했다. 그 모든 결과물을 쏟아부은 이 책을 통해 크게 2가지 능력을 차근차근 배워 나갈 수 있도록 길을 안내하고자 한다.

금전적 경계선 명확하게 긋기

경계선은 본래 심리적 개념이지만, 금전적 영역에서 금전 경계선은 지갑의 경계선을 의미한다.

나의 금전적 경계선 범주 정하기

누군가가 당신에게 '잔디를 잘 지켜야 한다'고 말했다면 그것은 당

돈 문제부터 해결하라

신 집의 잔디에서 일어나는 모든 일을 스스로 책임져야 한다는 의미다. 그런데 그가 당신의 잔디가 어디까지인지 말해 주지 않았다면 상당히 곤혹스러울 것이다. 자신이 책임져야 하는 부분과 책임질 필요가 없는 부분을 명확히 아는 것은 자신의 지갑을 지키기 위해 울타리를 치는 것과 같다. 이렇게 타인과 자신의 영역을 명확히 구분해야 비로소 더 나은 삶을 살 수 있다.

곤혹스러운 상황과 자신에 대한 의심에 대처하기

'내가 이기적인가?'

'내가 불효자인가?'

'내가 다른 사람에게 상처를 주는 것은 아닐까?'

이런 자아 의심에 대처하는 법을 배워야 한다.

금전적 경계선 지우기

자신과 배우자의 소비 성향, 돈에 관한 청사진 알아보기

서로가 꿈꾸는 삶, 현재 상황에 대한 정의, 소비 습관을 새롭게 정리해 각자의 차이를 인식해야 한다.

조화롭게 공생하고 협력하며 살아가는 방법 찾기

효과적인 심리 기술을 이용해 서로의 차이를 인정하고 재테크 목표를 세우는 것으로 발전적인 관계를 위해 협력하자.

　이것이 당신에게 알려 주고자 하는 바다. 내가 지난 16년간의 재테크 경험 속에서 운과 열정에 기대 찾아낸 답이기도 하다. 누구나 자신에게 속한 잔디, 자신의 지갑에 절대적인 주도권이 있다. 우리는 어떻게 가족의 요구를 거절할지, 어떻게 내면의 소리와 마주할지 고민해야 한다. 또한 고민, 상심, 절망, 압박에 굴하지 않고 자아를 지켜내는 가운데 금전적 시련을 거절하는 법을 배워야 한다. 엉킨 실타래를 풀 실마리를 스스로 잡아당기지 않으면 당신의 금전 생활과 재테크는 절대 순조롭게 풀릴 수 없다.

　이제부터 내가 쌓아 온 지식과 심리학자, 사회학자들의 지식을 통합해 당신의 금전적 울타리를 고쳐서 행복하고 풍족한 삶을 향해 한 걸음씩 다가가도록 이끌어주고자 한다. 명심할 점이 있다. 우리가 문제 해결의 실마리를 잡아당긴다고 해서 울타리를 새로 치는 것이 아니다. 나쁜 것은 발로 차 멀리 던져 버리고, 좋은 것만 남겨 두면 된다. 이 과제에서 우리가 돈의 압박과 대면한다는 것은 사람의 압박과 대면하는 것을 의미한다.

제2장

사람을 알면 돈 문제의
실마리가 보인다

당신과 나의 금전적 안전 거리에 대해

1. 머니 서클,
누구에게 지갑이 열리는가?

어렸을 때 아버지는 집에 돈을 갖고 온 적이 없었다. 할머니가 돈이 떨어지면 아버지가 가져다줬고, 삼촌은 할머니 돈을 자기 돈처럼 가져다 썼다. 우리 집의 '돈 사슬'은 절대 끊어지지 않을 것같이 단단하게 연결돼 있었다. 아버지는 결혼 전부터 월급을 전부 할머니에게 줬는데, 그런 생활 방식은 결혼 후에도 전혀 달라지지 않았다.

할머니의 생활비는 모두 아버지 주머니에서 나갔다. 삼촌의 도박 빚도 아버지가 갚아 줬다. 어머니는 결혼 후에 이 문제로 몇십 년 동안 고통 속에서 분노하며 하루가 멀다 하고 아버지와 싸웠다. 하지만 결국에는 현실을 무기력하게 받아들이며 살 수밖에 없었다. 나 역시 답답한 심정으로 부모의 지옥 같은 결혼 생활을 지켜봐야 했다. 표면적으로 보면 아버지는 자신의 어머니를 나의 어머니보다 좀 더 사랑한 게 아닌가 싶다.

　아버지는 결혼 후에도 자신의 어머니를 봉양하며 예전의 금전 관계를 유지했다. 결혼을 하면서 금전적 경계선을 새로 긋고 변화에 적응해야 했지만 그러지 못했다. 그 과정에서 아내의 존재를 무시하고 희생을 강요했다. 그들의 믿음과 애정은 부부 싸움을 할수록 조금씩 무너져내렸다.

　그러나 좀 더 깊이 들여다보면 아버지의 사랑에는 아무런 차이가 없을지 모른다. 그는 단지 무심했고, 자신의 머니 서클이 그의 신념, 목표, 가치관뿐 아니라 그의 삶과 결혼 생활까지 결정하고 있다는 사실을 알아채지 못할 만큼 아둔했을 뿐이다. 그는 자신이 머니 서클에 조종받으며 이리저리 떠밀린다는 사실을 전혀 깨닫지 못했다.

　머니 서클은 '지갑의 경계선'을 가리킨다. 이 경계선은 누가 당신의 돈을 쓸 수 있는지를 결정하는 기준이다. 우리의 어릴 적 머니 서클에는 오로지 자신밖에 없었다. 세뱃돈을 받은 어린아이는 아주 당연하게 '이건 내 거야!'라고 호기롭게 말할 수 있다. 만약 누군가가 그 돈을 좀 나눠 갖자고 하면 아이는 화를 내며 '싫어!'라고 말할 것이다.

　　　　　　　　　　　　　　　　돈 문제부터 해결하라

그 아이는 나이를 먹을수록 주변 사람들을 신경 쓰게 된다. 그는 수중에 있는 돈을 나누지 않으면 구두쇠처럼 보인다는 것을 경험으로 알고 있다. 그래서 자신의 지갑을 열어 머니 서클을 좀 더 확대해 나간다. 친한 친구에게 돈을 빌려주거나 좋아하는 사람들과 즐거운 시간을 보내기 위해 간식이나 장난감을 사는 데 돈을 쓰기도 한다.

더 나이가 들어 일을 하게 되면 인맥의 범위가 늘어난 만큼 그의 머니 서클도 확대된다. 즉 배우자, 부모, 동료 등 수많은 타인이 그의 머니 서클 경계선 안에서 그의 돈을 쓸 수 있다. 물론 어떤 사람의 머니 서클은 친구가 돈을 빌려 가서 갚지 않거나, 동업자에게 배신을 당하거나, 배우자가 외도를 하거나, 자선 단체에 가입하는 등 주변 환경이 변하면서 축소되기도 한다.

어쨌든 사람들은 각자가 처한 환경과 경험을 바탕으로 맞닥뜨린 돈 문제를 해결하기 위해 고민하며 더욱 명확한 '머니 서클의 경계선'을 만들어 나가야 한다.

친정에 얹혀살면서
시댁에 100만 원씩 줍니다

샤오미는 결혼한 지 1년도 되지 않아 시어머니와의 돈 문제로 너무 힘들어했다. 그녀의 남편은 결혼 전에도 매달 엄마에게 100만 원가량 생활비를 드렸다. 샤오미는 그 사실을 결혼 전에 알고 있었다. 그녀의 눈에 비친 그는 능력 있고 성실하며 부모에게 효도할 줄 아는, 인정 많고 책임감 강한 사람이었다. 하지만 막상 결혼하고 보니 이 모든 것이 결혼 생활에 걸림돌이 됐고, 시작부터 두 사람의 사이가 삐거덕거렸다. 시어머니는 자식 세 명에게 매달 용돈을 받고 있었다. 그 돈을 모두 합치면 300만 원 가까이 됐지만, 시어머니는 만족하기는커녕 끊임없이 불만을 토로했다.

샤오미는 친정집에서 더부살이를 했기 때문에 어떻게든 돈을 절약하려고 애썼다. 그녀는 아이를 위해 교육 적금을 들고 한 푼이라도 더 벌기 위해 매일 야근을 하며 고군분투했다. 하지만 남편의 월급에서 시어머니의 용돈과 최소한의 고정 지출이 빠져나가면 저축은 꿈도 꾸기 힘들었다. 샤오미의 불안감과 초조함은 점점 극에 달했다.

샤오미는 아이를 위해 집 살 돈을 모으고 싶을 뿐 결코 허영심 많은 사람이 아니었다. 하지만 매달 시어머니의 주머니로 들어가는 돈은 우물 입구를 막고 있는 돌덩어리처럼 아무리 치우려고 해도 꼼짝하지 않았다. 그녀는 시어머니에게 드리는 용돈을 줄이고 싶었지만, 며느리로서 섣불리 나서기가 힘들었다. 자칫 이 문제로 고부 갈등이 불거질 수 있다 보니 쉽게 말을 꺼내기가 어려웠다.

샤오미는 결혼 후 경제적 문제로 마음고생을 심하게 했다. 그녀는 상황이 이렇게 될 거라는 걸 미리 알았더라면 절대 결혼하지 않았을 거라고 하소연하며 한참을 울었다. 나는 그녀의 어깨를 토닥이며 그 마음을 충분히 이해한다고 위로해 줬다.

사람들의 머니 서클은 보통 결혼하기 전까지 아주 명료하다. 어떤 사람의 머니 서클은 오로지 자신만 들어 있을 만큼 크기가 작다. 자신이 번 돈을 혼자 소비하며 누구의 간섭도 받지 않는다. 반면에 어떤 사람의 머니 서클은 부모, 형제자매, 친척, 친한 친구, 배우자, 자녀까지 그 안에 모두 포함될 만큼 크기가 아주 커다랗다. 그러나 원의 크기가 크든 작든 일단 결혼을 하면 부부가 함께 통장을 관리하고, 아이를 양육하고, 주택 대출금을 갚고, 노후 자금을 준비하고, 부모님에게 용돈을 드리는 등 두 사람의 머니 서클이 강제로 중첩된다.

결혼과 동시에 각자의 머니 서클을 중첩해야 할 때 고통과 위험이 따르는 것은 당연한 수순이다. 머니 서클의 범위가 큰 사람은 자신의 원을 줄여 작은 원과 맞춰야 하고, 머니 서클의 범위가 작은 사람은 자신의 원을 넓혀 큰 원과 맞춰야 한다. 축소와 확대의 과정에는 두 사람 모두 변화가 필요하고, 이 변화가 고통을 수반한다. 둘 중 한 명이 변화하지 못하면 두 개의 원이 일치하지 못하므로 조만간 닥칠 의견 충돌과 갈등을 피하기가 어렵다.

샤오미의 결혼 생활도 이런 위험에 직면해 있었다. 그녀는 자신과 남편의 머니 서클을 그려서 내게 보여 줬다.

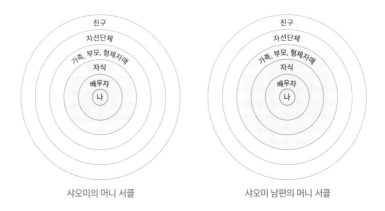

샤오미의 머니 서클   샤오미 남편의 머니 서클

돈 문제부터 해결하라

서로의 과거를 이해하는 시간이 필요한 이유

두 사람의 머니 서클은 당연히 일치하지 않았다. 샤오미의 남편은 아버지, 숙부, 외삼촌, 여동생까지 모두 '자기 사람'이었고, 자기 사람의 일을 곧 자기 일이라고 여겼다. 남편은 어머니의 생활비, 아버지의 주택 대출금, 형의 카드 빚, 여동생의 혼수비, 심지어 조카 딸의 대학 학비까지도 자신이 책임질 의무라고 생각했다.

반면 샤오미는 금전 관계에 매우 신중했다. 그녀의 아버지가 삼촌의 보증을 잘못 서는 바람에 집이 하루아침에 풍비박산 났고 가족은 10년 넘게 빚쟁이들한테 시달리며 이 집 저 집을 전전하면서 늘 불안에 떨어야 했다. 아버지는 빚쟁이들을 피해 도망 다니느라 가족 앞에 나타나지 못했고, 형제자매는 친척 집에 얹혀살며 이사와 전학을 반복했다.

샤오미는 이때 서러웠던 기억을 떠올리며 흐느꼈다. 그녀는 가족끼리도 돈 계산을 철저히 해야 서로 감정 상할 일을 줄일 수 있다고 단호하게 말했다. 형제자매 사이에도 도움이라는 명목으로 돈이 오가면 그게 화근이 되어 원망만 쌓이고, 평생을 가기 때문이다. 그래서 샤오미는 지난 10년 동안 가족에게 단 한 번도 돈을 빌려주지 않았고, 가족들의 빚 문제에도 전혀 간여하지 않았다. 그녀의 머니 서클은 쉽게 무너뜨릴 수 없을 만큼 작고 독립적이었다. 그런 그녀가 피 한 방울 섞이지 않은 시어머니의 부양비를 책임지느라 정작 본인은 경제적 위기에 내몰렸으니 제삼자가 봐도 울화가 치밀어오를 만했다.

나는 샤오미의 작은 동그라미와 남편의 커다란 동그라미가 겹쳐지지 않는 것을 보자마자 두 사람의 결혼 생활이 무너져 내릴 수밖에 없었을 거라고 짐작했다. 샤오미는 남편의 삶을 살아오지 않았기에 그의 경험과 거기에서 비롯된 관념을 이해하지 못했다. 남편 역시 샤오미가 살아온 삶을 모르기에 그녀의 두려움을 이해하기가 힘들었다. 그런데 두 사람은 지금까지 자기 안에 자리 잡은 과거의 경험과 거기에서 생긴 신념을 돌아보고 솔직하게 소통하며 서로 이해하는 시간을 단 한 번도 가져 본 적이 없었다.

그들은 각자 결혼 전부터 습관처럼 해 온 마인드맵에 따라 감정적으로 행동했다. 서로 쌓이는 불만을 참고 지내다 잔소리를 쏟아 내며 상대방을 원망하고, 결국 냉전과 다툼으로 이어지는 패턴이 계속된 것이다. 결혼 생활에서 서로에게 가하는 압박은 하나로 연결돼 있던 친밀한 감정을 어둠 속에 가둬 놓고 관계를 끝도 모를 바닥으로 추락시킨다.

나는 지난 경험으로 한 가지 터득한 바가 있다. 사람은 누구나 자신만의 특별한 이야기가 있고, 그 이야기 속에서 홀로 힘든 싸움을 하며 살아내는 과정을 겪는다. 그러므로 누구도 함부로 비난할 수 없고, 비난받아 마땅한 사람도 없다. 머니 서클도 커다란 동그라미가 반드시 나쁜 것도 아니고, 작은 동그라미가 절대적으로 좋은 것도 아니다. 우리는 어린아이로 돌아가서 손을 잡고 나란히 앉아 함께 서로의 머니 서클을 그리고, 마인드 스캐닝을 해 볼 필요가 있다.

가치관은 마치 각기 다른 위치에 핀이 놓여 있는 핀볼 대와도 같다. 우리의 생각이나 동작이 출발선을 넘는 순간 그것이 어느 길을 따라 어느 구멍으로 흘러 들어갈지 알 수 없다. 그래서 우리는 '상대방의 볼이 발사되어 움직이는 루트'를 자세히 들여다보고, 그의 과거가 어떤지, 어떤 기억을 간직하고 있는지 알아야 한다. 이때는 어떤 판단이나 약속도 필요하지 않다. 그저 이해만 필요할 뿐이다. 상대방의 경험과 감정을 이해하고, 그의 처지를 헤아려 보고, 상대방의 시각으로 세상을 다시 바라보는 것이다. 이렇게 해야 비로소 마음을 열고 소통하며 서로를 받아들일 수 있다.

서로 다른 돈의 가치관을 이해하는 법

머니 서클 그려 보기

- 당신과 배우자의 머니 서클은 각자 어떤 모양인가?

- 당신의 돈을 함께 나눠 쓸 수 있는 사람은 누구인가?

- 상대방에게 당신의 돈을 얼마까지 쓰도록 허용할 수 있는가?

당신의 머니 서클을 그리고 그 위에 허용 가능한 범주를 색으로 칠해 보자. 그림을 완성한 후 당신의 배우자에게 머니 서클을 그려 달라고 해 보자.

머니 서클 대조하기

두 사람 모두 머니 서클을 그렸다면 동그라미를 대조해 크기가 겹치는지 확인해 보자.

동그라미 크기가 같다면

"축하합니다! 두 사람은 로또에 당첨됐습니다. 서로 가치관이 잘 맞는군요!"

머니 서클이 하나로 겹쳐지는 배우자라면 금전 문제에서 갈등이 생길 만한 일이 줄어들 것이다.

동그라미 크기가 다르다면

즉 하나는 크고 하나는 작다면 서로 깊은 대화를 나눠 봐야 한다. 각자 어떤 일, 어떤 경험이 동그라미 크기를 그렇게 만들었는지, 서로의 동그라미 크기가 왜 다른지 그 속내를 들여다봐야 하기 때문이다. 그러기 위해서 각자의 성장 배경에 존재하는 경험을 알아 가는 과정이 필요하다.

질문과 대답을 통해 서로를 이해하기

① 어릴 적 성장 환경에 관해 이야기를 나눠 봅시다. 당신은 어떤 장난감을 갖고 놀았나요? 또래 친구들과 비교해서 자신이 부유

한 환경에서 자랐다고 생각하나요?

② 부모님의 어릴 적 성장 환경에 대해 말해 보세요. 부모님은 부유했나요?

③ 부모님이 돈 때문에 싸우거나 고민하는 모습을 본 적이 있나요? 부모님이 친척 등에게 돈을 빌려준 채무 문제가 있었는지 떠올려 보세요.

④ 가족이 채무 문제로 힘들어할 때 당신이 그 짐을 함께 나눠 짊어지는 게 맞다고 생각하나요?

④-a 그렇게 생각한다면 누가 당신에게 그렇게 해야 한다고 알려준 건가요? 아니면 누군가가 그렇게 하는 모습을 보고 자라서 그런 생각을 하게 된 건가요?

④-b 그렇게 생각하지 않는다면 그 이유는 무엇인가요?

⑤ 당신의 인생 경험에서 어떤 사건이 당신의 머니 서클을 작거나 크게 만들었는지 돌이켜 봅시다.

각자 질문에 답해 보고 서로의 머니 서클 겹쳐 보기

이 과정을 통해 우리는 자신과 상대방의 기억과 경험이 서로 다르고, 이로 인해 가치관과 신념이 달라졌음을 알 수 있다. 절대적으로 옳고 그른 가치관이나 신념은 없다. 결과의 관건은 당신이 상대방에게 무엇을 기대했는지에 달려 있다.

돈 문제부터 해결하라

상대방이 당신을 위해 변해 주기를 기대했을까?

아니면 상대방이 당신 편에 서 주고, 당신의 말을 알아들어 주기를 기대했을까?

'기대'는 당신의 마음을 헛갈리게 하고, 당신을 분노에 빠지게 하는 아주 위험한 요인이다. 어쩌면 내 남편은 형을 금전적으로 도와주면 그가 개과천선할 거라고 믿었고, 나 역시 그렇게 믿어 주기를 바랐을지 모른다. 하지만 나같이 살아 온 사람에게 그런 기대를 해서는 안 된다. 내 과거의 경험에 비춰 봤을 때 가족이나 친척을 도와주는 일은 득보다 실이 더 많고 아주 위험했다. 남편은 나의 이런 경험을 중시하고 이해할 수 있어야 한다.

나 역시 남편에게 기대하면 안 되는 부분이 있다. 남편 같은 인생을 살아온 남자가 가족을 배신하고, 그들의 고통을 모른 체할 리 없다. 남편은 벼랑 끝에 서 있는 가족에게 도움의 손길도 내밀지 않고 자기 살 궁리나 하며 살 수 있는 사람이 아니었다. 그는 가족에게 등돌리는 것을 아주 비열하고 악독한 행동이라고 배우며 자랐다. 나는 그의 그런 마음을 이해하고 받아들일 줄 알아야 한다.

마지막으로 우리가 서로의 차이점을 들여다보는 것은 누가 좀 더 옳은지 그른지를 따지고 비난하기 위해서가 아니다. 우리는 기대를 내려놓고 머릿속을 수정처럼 투명하게 만든 후 자신이 어떤 변화를 받아들일 수 있는지 생각해 봐야 한다.

예전에 내가 남편의 마음을 받아들일 수 있었다면 어땠을까? 그가 형의 카드 빚을 갚아 주겠다고 했을 때 4,000만 원 정도로 타협한 후 나머지는 형이 스스로 문제를 해결하도록 시간을 줬다면 상황이 달라지지 않았을까? 나는 이런 방법이 화해와 용서를 끌어내는 사랑의 또 다른 표현이었을지도 모른다는 생각이 든다.

마찬가지로 내 남편이 나의 과거를 모두 알고 있었다면 나의 감정을 충분히 이해하고 절충안을 내놓았을 수도 있다. 그랬다면 그는 나를 이기적이라고 비난하지 않았을 거고, 우리가 그 당시 느꼈던 절망과 고통의 감정도 크게 줄어들었을 것이다.

서로가 어떻게 하느냐에 따라 누구라도 자기 머니 서클의 경계선을 충분히 바꿀 수 있다. 그러므로 우리는 제자리에서 서로를 비난하고 원망해서는 안 된다.

나는 머니 서클을 파악하며 지난 몇 년간 힘들었던 시간이 주마등처럼 스쳐 지나갔다. 부부의 목표는 다르지 않기에 우리는 서로를 사랑하고 하나로 연결돼야 한다. 그러기 위해 세상의 모든 부부가 자신의 원을 좀 더 확대하거나 축소해 서로 일치되는 하나의 원을 그리려고 시도해 보기를 바란다.

사례 참고하기

① 어릴 적 성장 환경에 관해 이야기를 나눠 봅시다. 당신은 어떤 장난감을 갖고 놀았나요? 또래 친구들과 비교해서 자신이 부유한 환경에서 자랐다고 생각하나요?

대답: 내가 어릴 때 부모님은 장사를 했고 늘 용돈을 부족하지 않게 주셨다. 초등학교 3학년 때 엄마가 50만 원이 넘는 게임기를 사 주셨던 기억이 아직도 난다. 지금으로 치면 30년 전에 아이패드 한 대를 사 준 셈이다. 하지만 엄밀히 따지자면 우리 집은 부유하지 않았고, 단지 돈을 쓰는 데 거침없었을 뿐이다.

② 부모님의 어릴 적 성장 환경에 대해 말해 보세요. 부모님은 부유했나요?

대답: 엄마의 어릴 적 가정 형편은 아주 좋지 않았다. 외할아버지는 자식을 일곱이나 두고도 술과 도박에 빠져 가정을 등한시했다. 그러다 보니 식구들은 경제적으로 늘 힘들게 생활해야 했다. 엄마는 열두 살 때부터 밖에 나가 허드렛일을 하며 돈을 벌었고, 머리 감겨 주는 일도 그렇게 바닥부터 시작해서 본격적으로 배우기 시작했다. 아버지는 중국에서 대만으로 건너와 열심히 일만 하며 가족들을 부양하고 삼촌에게 돈을 보태 줬다. 아버지는 매년 중국에 남아 있는 큰아버지까지 도와주느라 늘 쪼

들리는 생활을 해야 했다.

③ 부모님이 돈 때문에 싸우거나 고민하는 모습을 본 적이 있나요? 부모님이 친척 등에게 돈을 빌려준 채무 문제가 있었는지 떠올려 보세요.

대답: 내가 어릴 때부터 부모님은 돈 문제로 자주 싸웠다. 어머니는 돈을 들고 친정으로 가 외삼촌의 빚 문제를 해결해 줬고, 아버지는 돈을 들고 자신의 부모님 집으로 가 삼촌의 빚을 청산하도록 도와줬다. 그 빚은 우리 집 사정에 상당히 부담스러운 액수였다. 하지만 두 사람은 가족의 고통을 손 놓고 보고 있을 수 없었다. 부모님은 무려 30~40년 동안 가족의 경제적인 문제를 도왔고, 그 문제로 두 분 사이에 싸움이 그칠 날이 없었다.

④ 대가족이 채무 문제로 힘들어할 때 당신이 그 짐을 함께 나눠 짊어지는 게 맞는다고 생각하나요?

④-a 그렇게 생각한다면 누가 당신에게 그렇게 해야 한다고 알려준 건가요? 아니면 누군가가 그렇게 하는 모습을 보고 자라서 그런 생각을 하게 된 건가요?

대답: 어머니는 내게 어릴 때부터 가족은 자기편이고, 자기 편의 일이 바로 자기 일이라고 가르쳤다. 어머니의 지론대로라면 설사 '밑 빠진 독에 물 붓기'라고 해도 힘 닿는 데까지 도와

주는 것이 바로 가족이며, 이것이야말로 우리가 짊어지고 가야 할 운명이자 책임이었다. 어머니는 그 말을 직접 실천하며 평생토록 뼈 빠지게 돈을 벌어 가족들의 뒤치다꺼리를 하며 살았다. 어머니가 친정 식구들에게 갖다 바친 돈은 각종 채무, 급전, 도박 빚, 학비의 명목으로 평생 소진됐다.

④-b 그렇게 생각하지 않는다면 그 이유는 무엇인가요?

대답: 나는 부모님이 각자의 가족을 위해 금전적으로 도움을 주는 과정을 보며 큰 깨달음을 얻었다. 부모님에게 금전적 도움을 받는 사람 중 누구도 반성하거나 경제적으로 독립해 자신의 문제를 책임지지 않았다. 그래서 나는 경제적으로 독립해 누구와도 엮이지 않은 채 살고 싶은 마음이 더 간절해졌다.

⑤ 당신의 인생 경험에서 어떤 사건이 당신의 머니 서클을 작거나 크게 만들었는지 돌이켜 봅시다.

대답: 이런 경험은 나의 머니 서클을 계속 작아지게 만들었다. 아이를 낳고 나서야 나의 머니 서클이 처음으로 확대됐다. 나는 자식을 위해 돈을 쓰는 것에 기쁨을 느꼈다. 그때가 내가 태어나서 처음으로 머니 서클을 확대하기로 마음먹은 시점이다.

2. 금전적 의존,
보살피는 사람과 의존하는 사람

나를 찾아온 샤오쉬안은 구명 튜브라도 되는 듯 핸드백을 꼭 껴안고 있었다. 어깨를 축 늘어트린 채 고개를 푹 숙이고 있던 그녀의 모습은 마치 엄청난 충격을 받아 정신이 나간 사람처럼 보였다.

샤오쉬안의 시어머니는 1남 1녀를 두었다. 올해 35살인 남편의 여동생은 이혼 후 아이와 함께 친정에서 사는데, 생활비도 벌지 않은 채 부모에게 빌붙어 의식주를 해결했다. 샤오쉬안의 남편은 시어머니에게 매월 100만 원 정도의 용돈을 드렸고, 그 돈은 시가의 수도세, 전기세, 통신비는 물론 조카의 학비로도 쓰였다. 가끔 시어머니가 딸과 함께 충동적으로 떠나는 해외여행 비용 역시 샤오쉬안의 남편 몫이었다.

샤오쉬안은 남편의 성실하고, 책임감 있고, 가정적인 모습에 반해 그를 믿고 결혼을 결심했다. 하지만 결혼은 현실이었고, 남편의 장점이라고 생각한 부분이 도리어 걸림돌이 됐다. 결혼하고 나자 아이의 교육이나 내 집 마련, 노후 준비를 위해 한 푼이라도 돈을 아껴 써야 했다. 그래서 시어머니에게 용돈을 드리는 것까지는 이해할 수 있지만, 시누이와 조카까지 부양해야 하는 건 문제가 심각했다. 결국 그녀는 이런 현실에 화가 치밀어 올랐다.

시어머니는 남편이 일찍 세상을 뜨고 난 후 여자 혼자 몸으로 힘들게 두 아이를 키웠다. 샤오쉬안 역시 시어머니의 상황을 이해했고 가족을 돕는 일이었기에 모든 상황을 감수하며 살았지만, 생각지도 못한 갈등이 그녀의 마지노선을 무너뜨리고 말았다.

지난주에는 샤오쉬안의 시어머니가 밥이나 먹자며 갑자기 찾아왔다. 한창 식사 중에 시어머니가 드디어 본론을 꺼냈다. 시누이가 분양권을 되팔아서 돈을 벌어 보겠다고 돈까지 빌려 상가 분양을 받았는데 사기를 당하고 말았다는 것이다. 빌린 돈을 갚아야 할 날이 다가오는데 수중에 돈이 한 푼도 없으니 잘못하면 집까지 팔고 나앉을 판이었다. 그래서 시어머니는 늘 그랬듯이 아들에게 또 손을 내밀었다. 시어머니의 요구는 꽤 당당하게 들렸다.

"나중에 네 동생이 돈 벌면 다 갚을 거니까 일단 급한 불부터 끄게 너희가 도와주렴. 엄마가 너희밖에 믿을 사람이 더 있겠니? 동생 일이잖니. 동생이 불쌍하지도 않아?"

시어머니의 말에 샤오쉬안의 두 눈이 휘둥그레졌다. 그동안 샤오쉬안은 시누이에게 불만을 품고 있었다. 시누이는 이혼 후에 친정집에 눌러앉아 생활비 걱정 없이 살고, 아이를 믿고 맡길 곳이 있는데도 일자리를 찾아 독립할 준비조차 하지 않았다. 그런데 지금 돈 문제까지 터트리며 가족에게 대신 뒤처리를 해 달라고?

그녀와 남편은 서로의 얼굴만 한참 처다볼 뿐 아무 말도 하지 못했다. 그렇게 꽤 침묵이 이어진 끝에 거의 들리지 않을 정도로 희미한 한숨 소리가 새어 나왔다.

"일단 이 사람이랑 상의해 보고 다시 말씀드릴게요."

시어머니가 벌떡 일어섰다. 그리고는 두 손으로 탁자의 가장자리를 꽉 쥐고 탁자를 힘껏 흔들었다.

"상의할 게 뭐 있어? 네 여동생 일인데! 네가 안 도와주면 내가 해결해야 한다는 거니? 내 나이가 몇인데 그걸 말이라고 하는 거야?"

돈 문제부터 해결하라

시어머니의 목소리가 갑자기 높아졌다. 샤오쉬안도 스트레스가 급상승했다. 그녀는 붉게 달아오른 얼굴로 입술을 꾹 다문 채 일어서서 방문으로 향했다. 시어머니가 곧바로 그녀를 따라나서며 날카롭게 소리쳤다.

"네가 안 도와주면 아무도 도와줄 사람이 없잖니!"

시어머니가 새된 목소리로 소리치더니 갑자기 다리에 힘이라도 풀린 듯 샤오쉬안을 향해 무릎을 꺾으며 주저앉았다. 샤오쉬안이 손을 뻗어 그녀를 잡으려 했지만 한발 늦고 말았다. '털썩' 소리와 함께 시어머니가 그녀 앞에 주저앉더니 주먹을 불끈 쥐고 자신의 허벅지를 내리치며 호통쳤다. 그녀가 울며 소리쳤다.

"자기 식구도 못 도와주면서 무슨 가족이라고! 이게 다 무능한 내 탓이지! 내가 너무 오래 살았어… 이런 꼴까지 보고 살아야 하다니…. 네가 동생을 못 도와준다면 걔 인생은 끝장이야… 지금도 충분히 박복한데 오빠랑 새언니마저 나 몰라라 하면…."

샤오쉬안과 남편이 어머니를 달래 일으켜 세우려 했지만 그 고집을 쉽게 꺾지 못했다. 그녀는 여전히 바닥에 철퍼덕 주저앉아 세상이 무너져 내리는 듯한 표정으로 눈물을 쏟아 냈다. 상황이 급변하자 샤오쉬안의 등줄기에서 식은땀이 흘러내렸다. 그 상황에서 그녀가 할 수 있는 일은 그저 굳은 표정으로 돈 문제를 대신 짊어지겠다고 말하는 것뿐이었다.

처음 이런 일이 벌어졌을 때는 시누이가 진심으로 반성한다며 다시는 책임을 남에게 전가하지 않겠다고 맹세했다. 하지만 그녀는 고작 반년 만에 다시 본색을 드러냈다. 아르바이트 삼아 하던 일을 돌연 그만두더니 자신이 벌여 놓은 돈 문제를 또 모두 자기의 오빠에게 처리해 달라고 떠넘겼다.

어느 가정에나 존재하는 '돈 관계 피라미드'

샤오쉬안은 입술을 꾹 다문 채 텅 빈 눈으로 나를 바라봤다. 그녀의 표정은 전에 없이 무거워 보였다. 우리는 앞으로의 재무 계획에 관해 이야기를 나눴고, 그 후 긴 침묵이 흘렀다.

결혼하면 어느 가정에나 자신들만의 '돈 관계 피라미드'가 만들어진다. 이 피라미드 안에서 돈을 주는 사람은 '보살피는 사람', 돈을 받는 사람은 '의존하는 사람'이 된다. 이 상생과 상극의 의존 관계는 층층이 얽혀 있어 절대 깨지지 않는다. 샤오쉬안과 남편은 이 피라미드의 첫 번째 층에 자리 잡은 채 돌보고 의존하는 핵심 네트워크를 형성하고 있었다.

이 네트워크 안에서 부인과 남편의 역할은 유동적이다. 돈을 주는 사람이 반드시 남편은 아니다. 부인이라고 해서 반드시 돈을 받는 존재도 아니다. 이 때문에 부인이 보살피는 사람, 남편이 의존하는 사람이 될 수도 있다. 어떤 부부는 가족의 돈을 받아 쓰고, 그들의 보살핌을 받으며 함께 의존하는 사람이 될 수 있다. 모든 유형을 통합해 보면 3가지 패턴으로 나눌 수 있다.

- 의존하는 사람+의존하는 사람
- 의존하는 사람+보살피는 사람
- 보살피는 사람+보살피는 사람

아내 \ 남편	보살피는 사람	의존하는 사람
보살피는 사람	보살피는 사람+보살피는 사람	의존하는 사람+보살피는 사람
의존하는 사람	보살피는 사람+의존하는 사람	의존하는 사람+의존하는 사람

이 3가지 패턴은 각양각색의 라이프 스타일을 만들어 낸다.

동등하지 않은 관계는
먹이 사슬과 같다

의존하는 사람+의존하는 사람=가장 열악한 관계의 부부

샤오궁은 공장 사장의 아들이다. 성인이 된 후 그는 자신의 몫으로 받은 공장 주식을 통해 매달 400만 원 가까이 배당금을 받았다. 이 액수는 경영에 참여하지 않고 업무 실적 때문에 고민하지 않아도 기본적으로 들어오는 생활비였다. 그래서 샤오궁은 가끔 영업만 뛰면 그만일 뿐 일 때문에 스트레스를 받을 이유가 없었다.

샤오궁과 그의 아내는 전형적인 '의존하는 사람+의존하는 사람'의 관계에 해당한다. 두 사람 모두 남자의 집에서 나오는 돈을 받고, 남자 쪽 집안사람들의 보살핌을 받으며 살고 있다. 그러면서도 독립적으로 생활하며 거의 간섭받지 않았고, 가족과도 갈등 없이 화목하게 지냈다.

샤오펑에게는 그런 행운이 따라오지 않았다. 약학 대학에 다니던 샤오펑은 학창 시절에 대형 약국을 경영하는 집안의 딸과 사귀었다. 그는 결혼한 후 약국 사장이 돼서 먹고사는 걱정 없이 살 수 있었다. 샤오펑에게 처가는 그야말로 든든한 철밥통이었다. 하지만 그는 행복해 보이지 않았다. 늘 불평불만을 쏟아 냈다.

샤오펑은 장인어른이 남을 부릴 줄만 알지 존중할 줄은 모른다며 힘들어했다. 그의 장인어른은 샤오펑의 의식주는 물론 취미 생활과 취향까지도 일일이 간섭하고, 신혼집도 마음에 들지 않는다며 잔소리를 퍼부었다. 그 이면에는 샤오펑의 월급이 자신의 주머니에서 나온다는 생각이 자리 잡고 있었다.

장인어른은 신혼집을 구할 때 돈을 보태 줬다는 이유로 실내 장식부터 시작해서 끊임없이 간섭했다. 샤오펑은 인더스트리얼 풍으로 실내를 꾸미고 싶었지만, 장인어른은 그것이 탐탁지 않아서 벽을 왜 회색으로 칠하냐는 둥, 벽에 왜 벽돌을 붙이냐는 둥, 수도 파이프를 숨겨야지 왜 드러나게 내버려 두냐는 둥 온갖 참견을 하고 나섰다. 그럴 때마다 샤오펑은 답답한 마음에 그 스트레스를 부인에게 풀었다. 당연히 두 사람 사이에 다툼이 잦아지고 불화가 찾아왔다.

샤오펑은 결혼 생활이 자신의 숨통을 조이는 것 같다고 말했다. 신혼집 인테리어를 하는 과정에서 장인과 갈등을 겪고 나서 그는 장인 소유의 약국을 떠나 자신의 돈으로 작은 약국을 열어 새롭게 시작하기로 했다. 장인의 그늘에서 스트레스받으며 노예처럼 사느니 조금 힘들고 가난해지더라도 독립하는 것이 훨씬 행복할 것 같았다.

샤오펑에게 이렇게 많은 불만과 분노가 쌓인 것은 그들 부부가 가장 열악한 관계인 '의존하는 사람+의존하는 사람'이었기 때문이다.

의존하는 사람+보살피는 사람=대부분의 부부 관계

샤오치와 남편은 완벽하게 '의존하는 사람+보살피는 사람'의 조합이다. 그녀는 가정주부고 남편은 실리콘밸리에서 일한다. 두 사람은 악의적인 말로 상처를 주지 않고 서로를 존중했다. 샤오치는 자신의 남편에게 고맙다는 말을 입버릇처럼 달고 산다고 했다. 그녀의 남편은 두 아이를 돌보는 일이 매우 고생스럽다는 것을 알아주고, 퇴근하면 아내가 혼자만의 시간을 가질 수 있도록 아이들을 돌봤다.

'의존하는 사람+보살피는 사람'은 대부분 가정의 부부 관계 패턴이다. 잘 지내는 부부는 서로를 이해하고, 상대방의 일을 존중한다. 하지만 사이가 나쁜 부부는 서로를 원망하며 모든 일에 만족하지 못한다. 어떤 남편은 자신의 부인 이야기를 하게 될 때마다 미간을 찌푸리며 신랄한 말투로 비꼬듯 이렇게 말한다.

돈 문제부터 해결하라

"팔자가 상팔자야. 맨날 집에서 에어컨 틀어 놓고 드라마나 보면서 신선놀음하잖아. 게다가 졸리면 낮잠 실컷 자고, 심심하면 나가서 쇼핑하고, 동네 친구들이랑 카페에 가서 수다나 떨며 사니 얼마나 좋아. 남편은 밖에서 간이며 쓸개며 다 내놓고 고생을 하든 말든 신경도 안 써!"

아내라고 할 말이 없는 것이 아니다. 남편에게 이런 말을 들으면 그녀 역시 분통을 터트리며 소리친다.

"누가 보면 무슨 대단한 일 하는 줄 알겠네! 당신만 힘든 줄 알아? 집안일이 그렇게 만만해 보이면 당신이 집에서 살림하면서 애들 키우면 되겠네!"

부인은 자신이 희생만 하며 산다고 생각하는데 남편조차 자신을 존중해 주지 않으니 감정이 격해질 수밖에 없다. 이런 상태가 바로 불화로 치닫는 '의존하는 사람+보살피는 사람'의 관계다.

앞서 등장한 샤오쉬안 부부가 바로 이런 관계에 속한다. 샤오쉬안은 가정주부고, 그녀의 남편은 어머니, 여동생과 조카까지 보살피며 살았다. 샤오쉬안은 남편에게 불만이 쌓이면서 점점 감정 컨트롤이 힘들어졌다. 샤오쉬안은 늘 근심거리에 휩싸여 굳은 표정으로 지냈다. 그러다 강바닥에 쓰레기처럼 쌓여 있던 마음 깊은 곳의 근심과 불만이 점점 수면 위로 떠 오르기 시작했다. 그녀는 수시로 감정이 통제가 안 돼서 충동구매로 스트레스를 풀거나 남편을 트집 잡았다.

샤오쉬안의 결혼 생활은 마치 한쪽 발이 빠지면 다른 한쪽 발을 들어 올리기 힘들고, 발버둥 칠수록 점점 더 깊이 박혀 절대 빠져나올 수 없는 늪과 같았다.

보살피는 사람+보살피는 사람=서로 지지하며 간섭하지 않는 관계

어떤 부부는 둘 다 직장 생활을 하며 통장도 따로 관리한다. 그들은 서로 간섭하지 않고 각자 부모님의 용돈과 생활비를 드리는 등 자기 집안 식구들을 챙긴다. 이것은 비교적 긍정적인 '보살피는 사람+보살피는 사람'의 관계다.

'보살피는 사람+보살피는 사람'의 패턴으로 사는 부부는 책임감과 자기주장이 강하고 완벽주의 성향이 있다. 이 유형의 부부가 서로 화합하면 싸울 일이 생기지 않는다. 나는 내 돈으로, 상대방은 상대방 돈으로 돌보고 싶은 사람을 돕는 식이다. 서로 간섭하지 않으면서도 각자의 선택을 지지한다.

다만 지출이 합리적이고 정상적으로 이뤄지지 않아 가정 경제에 부담을 주면 그때 문제가 생긴다. 예를 들어 은행 대출금을 상환하지

돈 문제부터 해결하라

못할 정도로 자금 압박에 시달리고, 저축할 돈이 점점 줄어든다면 부부는 서로의 잘못을 지적하며 비난하게 된다. 곧 부부의 신뢰에 금이 가고 갈등이 깊어진다.

"당신 집에는 항상 무슨 돈이 그렇게 필요한 건데?"
"왜 당신 집에서만 끊임없이 문제가 생기는 건데?"

남편과 아내가 원망과 비난 없이 서로 양보하며 이해하기는 절대 쉽지 않다. 그런데 이 관계에 부모, 형제자매, 친척, 친구의 의존 관계까지 더해지면 초대형 '보살피는 사람+의존하는 사람' 관계가 형성된다. 이 네트워크는 인생의 난제가 될 수밖에 없다.

샤오쉬안 가정의 '보살피는 사람+의존하는 사람' 관계도

샤오쉬안의 결혼 생활에서 남편은 가정 전체를 '보살피는 사람'이었고, 그 원 주위로 어머니, 여동생, 여동생의 자식이 1단, 2단, 3단의 원을 그리며 그를 겹겹이 에워쌌다.

이런 끔찍한 의존 관계는 정신적 스트레스가 엄청나게 확대된다는 의미다. 샤오쉬안은 시어머니와 의존 관계를 끊어 보려고 했지만, 너무나 얽히고설켜 고착된 그들의 관계에 손조차 대기 힘들었다. 이런 '먹이 사슬'을 벗어나는 일은 말처럼 쉽지 않았다.

이 먹이 사슬에서 샤오쉬안의 남편은 밀림의 왕처럼 중심에서 시어머니, 여동생, 여동생의 자식 그리고 샤오쉬안을 거느리는 형상이다. 이것은 의존하는 인물들이 자신들을 보살펴주는 단 한 사람인 샤오쉬안의 남편만을 겹겹이 둘러싸고 바라보는 모양이기도 하다.

샤오쉬안 가정의 관계도를 참고해서 자기의 '의존하는 사람+보살피는 사람'의 먹이 사슬을 차근차근 그려 보며 관계를 돌아보자.

돈 문제부터 해결하라

또 상황을
몰아가려는 걸까?

의존적 언어 알아보기

이거 아니면 저거다

절대적 관점으로 상황을 본다.

예: "네가 안 도와주면 아무도 도와줄 사람이 없어!"

단편적인 추측과 경험으로 상황 전체를 함부로 판단한다

한 가지 일에 인생 전체를 끌어들인다.

예: "네가 안 도와주면 네 동생의 인생은 끝장이야!"

과장하거나 희석한다

일을 말도 안 되는 수준으로 확대, 과장한다.

예: "돈을 안 갚았다가 깡패들이 쫓아와 죽이려고 들면 어떡하니?"

당연히

'당연히'라는 말로 당신을 끌어들인다.

예: "가족이라면 당연히 재고 따지면 안 되지!"

"가족이라면 당연히 식구들을 도와야지!"

꼬리표를 붙인다

직설적으로 꼬리표를 단다.

예: "네가 안 도와주면 넌 불효자야!"

자책하거나 타인을 비난한다

예: "이게 다 이 엄마가 무능해서 그런 거겠지!"

마음의 짐을 내려놓고 한 발자국 떨어져라

우리는 어려운 문제에 직면하면 어렴풋이 생각하던 것과 실제로 아는 것은 전혀 별개라는 점을 깨닫게 된다. 힌두교 성전인《바가바드 기타(Bhagavad Gītā)》에서도 "우리가 알지만 할 수 없는 것은 이성에

돈 문제부터 해결하라

의지하고, 우리가 자신을 설득할 수 없기 때문"이라고 언급했다.

이성은 우리에게 무엇을 해야 하고, 무엇을 하지 말아야 하는지를 알려 줄 수 있다. 그러나 지각(知覺)은 우리에게 무엇을 했는지, 무엇을 하지 않았는지를 알려 줄 수 있다. 그것은 마치 한 걸음 뒤로 물러나서 자신을 똑똑히 바라볼 수 있도록 해 주는 것과도 같다. 일단 자신을 제대로 보게 되면 통제력이 생겨서 더는 감정에 이끌려 해낼 수 없는 일을 하지 않게 된다.

샤오쉬안은 시어머니가 무릎을 꿇었을 때 얼굴이 달아오르고 정신없이 심장이 뛰면서 스트레스가 급상승했다. 이런 상황에서 그녀는 눈물을 흘리며 감정을 제어하기가 힘들어졌다. 그녀의 머릿속은 자아비판의 목소리로 가득 찼다.

'세상에! 난 정말 쓰레기야!'
'너무 창피해!'
'난 정말 나쁜 며느리였어!'

샤오쉬안은 마음이 약해졌고, 스스로 의심하기 시작했다. 결국 그녀는 자기의 마음은 저버린 채 경솔하게 남의 채무를 떠안고, 후회하며 반복적으로 자신을 고통에 몰아넣었다. 하지만 샤오쉬안이 한 발자국 뒤로 물러서서 자신을 관찰하고 '보살피는 사람+의존하는 사람' 관계를 빠르게 떠올렸다면 상황이 달라졌을 것이다. 그녀는 가정의 의존 관계를 확인한 후 시어머니의 착취형 언어와 행동을 알아채야 한다. 그래야 비로소 마음속으로 이렇게 생각할 수 있다.

'아하! 원래 이런 거였구나!'
'아하! 또 시작하시는구나!'

이런 목소리는 샤오쉬안의 무거운 마음의 짐을 한순간에 풀어 줄 수 있다. 그리고 이 과정은 거북이가 위험에 처했을 때 사지와 얼굴을 껍데기 안으로 숨기는 것처럼 차분히 나를 돌아보며 마음을 다잡고 문제의 핵심으로 돌아갈 시간을 준다.

전체적인 상황을 파악하고 이해할 줄 아는 사람은 안정적이고 이성적으로 생각하고 행동할 수 있다. 또한 결정적인 순간에 확신을 갖고 자신을 통제하며 진실을 말할 줄 알게 된다. 나를 믿고, 자아를 깨달아야만 융통성 있게 상황에 대처할 수 있고 비로소 변화를 가져올 수 있다.

돈 문제부터 해결하라

3. 금전적 의무, 책임을
떠넘기는 사람과 떠안는 사람

어머니는 황 사장 이야기만 나오면 늘 한숨을 쉬었다. 황 사장 가게의 오리 목 메뉴는 매콤한 맛으로 유명했다. 어머니는 시장에서 오리 목을 뜯어 먹으며 황 사장의 어머니와 수다 삼매경에 빠지고는 했다. 두 사람은 마음이 통해 죽이 잘 맞았고 금세 좋은 단짝이 됐다.

몇십 년 동안 엄마는 황 사장이 커 가는 모습을 지켜본 산증인이었다. 황 사장은 졸업 후 대입 시험에 두 번 도전한 끝에 학비가 엄청난 전문 대학에 합격했다. 그곳은 학생 수도 적고 찾아가기도 어려울 만큼 구석진 곳에 있었다. 황 사장은 2년제 대학을 4년이나 다니고도 졸업을 못했다. 결국 대학 졸업장을 따지 못한 그는 인생이 갈수록 폐쇄적으로 변해 갔다.

그는 25살이 되도록 집에만 틀어박혀서 어머니가 차려 주는 밥을 먹고 용돈을 받으며 살았다. 황 사장의 어머니는 그의 건강 보험료과 통신 요금을 대신 내 줬고, 오토바이를 사 주고, 휴대전화를 바꿔 주기까지 했다. 그는 그렇게 4년의 세월을 빈둥빈둥 놀며 보냈다. 가끔 아르바이트를 해서 돈을 벌기도 했지만, 그 돈이 통장에 쌓이는 일은 없었다. 그렇다고 친구를 만나거나 연애를 한 것도 아니다.

어쩌다 보니 그는 제 나이에 맞는 경험과 지혜를 얻지 못했고, 자기 계발도 하지 않은 채 젊은 나이에 늙은이 같은 삶을 살며 아까운 시간을 허비했다. 황 사장은 28살에 생선 장사를 하는 아롄과 동거를 시작했고, 둘 사이에서 딸 샤오핑이 태어났다.

나이에 맞게 크지 못한 아이의 인생

샤오핑은 또래보다 왜소하고 마른 아이였다. 그런 아이가 8살 때부터 시장에 나가 생선을 팔고, 엄마를 도와 생선 비늘을 긁고, 주문을 넣는 일도 척척 해냈다. 샤오핑은 일찍 철이 들었고, 집안의 고생을 참고 견딜 만큼 성숙했다. 샤오핑은 야간 고등학교에 다니면서 낮에는 전단을 돌리고, 서빙 일을 하며 한 달에 100만 원 남짓 돈을 벌었다. 하지만 돈을 벌기가 무섭게 황 사장에게 모두 빼앗겼고, 그녀에게는 단 한 푼도 남아 있지 않았다. 샤오핑은 아버지를 상대로 감히 화조차 내지 못한 채 힘없이 돌아서야 했다.

황 사장은 샤오핑이 아직 어려서 돈을 대신 맡아 주는 거라고 떠벌리고 다녔다. 지나가는 개도 믿지 않을 헛소리였다. 주변 사람들은 황 사장이 샤오핑의 돈으로 주식을 한다는 걸 다 알고 있었다. 주가가 곤두박질치면 본전을 모두 날리기도 했다. 그럴 때면 그는 잔뜩 굳은 얼굴로 집에 들어와 이불을 뒤집어쓴 채 분이 풀릴 때까지 아무 일도 하지 않았다. 그럼 집안의 식비, 전화 요금, 통신 요금이 모두 샤오핑의 몫이 됐다.

샤오핑의 통장은 늘 돈이 들어오기가 무섭게 텅 비어 버렸다. 하루는 용기를 내서 항의라도 하면 황 사장은 당해 보란 듯이 전화 요금과 각종 보험료를 내지 않아 그녀의 마음을 불안하게 만들었다. 샤오핑은 가족이라는 이름으로 아버지에게 발목 잡혀 살았고, 그런 생활이 그녀를 생기 없고 무기력하게 만들어 버렸다.

제 나이에 맞게 살아 보지 못한 아이는 성인이 된 후 성숙한 삶을 살지 못한다. 이런 아이는 커서 현실을 도피하기 위해 감정적으로 결혼을 결정하고 아이를 낳는다. 하지만 아이를 낳아도 제대로 보살피지 못한다. 심지어 아이가 다 크기도 전에 부모가 해야 할 역할을 떠넘기고, 물귀신 작전으로 매달려 등골을 빼먹으며 살기도 한다.

우리 주변에는 다양한 모습의 황 사장이 존재한다. 그들의 인생은 얼핏 보면 평화롭고 순탄해 보이지만, 자세히 들여다보면 제 나이에 맞게 살지 못하는 경우가 많다. 어떤 이는 35살이나 먹도록 미래 계획도, 노후 준비도 없이 부모 밑에서 대충 하루하루를 살아간다.

덜 자란 어른은 자신이 책임질 필요가 없는 삶을 살며 젊음을 허송 세월로 보내고, 나이가 들면 책임지는 일 자체를 회피한다. 그들은 책임이란 걸 져 본 적이 없는 아이로 살다가 책임을 지지 않는 부모가 된다. 그러다 자식이 태어나면 아이를 자신의 경제적 방패막이로 만든다. 그는 자식들이 어린 나이부터 나가서 돈을 벌어 자신을 책임 지도록 길들인다. 어린아이들이 그런 지옥에서 벗어나는 것은 절대 쉬운 일이 아니다.

부모와 자녀의 역할이 바뀐 가족

황 사장은 샤오핑이 벌어 온 돈을 받아 쓰면서도 늘 불평과 원망을 달고 살았다. 그는 눈에 보이는 모든 것이 마땅치 않은 듯 가족을 힘들게 만들었다. 샤오핑의 인내심은 바닥을 쳤고, 그녀는 아무 노력도 하고 싶지 않을 만큼 지쳐 갔다. 샤오핑은 덜 자란 어른 밑에서 태어나 무조건적인 순종자로 자라며 어릴 때부터 자신의 감정을 억누르는 법을 배워 왔다. 그래서 아버지에게 단 한 번도 '싫어요', '드릴 돈 없어요', '그건 아니잖아요' 같은 거부를 해 본 적이 없었다. 그렇게 자란 탓에 힘들고 지쳐도 아버지의 말을 감히 거절할 수 없었다.

샤오핑은 학창 시절에 소풍이나 수학여행을 가 본 적이 없었다. 황 사장은 그런 쓸데없는 곳에 돈을 낭비하면 안 된다는 이유로 딸을 못 가게 막았다. 샤오핑이 속상해서 왈칵 울음을 터트리면 황 사장은 잔뜩 화난 표정으로 '당장 그치지 못해!'라며 버럭 소리를 지르면서 '아빠가 다 널 위해서야!'라고 위협했다.

황 사장은 자신의 딸이 무엇을 원하는지, 무엇을 무서워하는지, 무엇을 좋아하고 싫어하는지 단 한 번도 관심을 가져 본 적이 없었다. 그저 딸이 얌전하게 순종하고, 효도하는 역할에 충실하며 자신을 보살펴 주기만을 바랐다. 만약 샤오핑이 조금이라도 굳은 표정을 짓고 감정적으로 나오거나 원망을 품는 것 같으면 황 사장은 바로 분노에 차서 소리를 지르며 방 안에 있는 물건들을 집어 던졌다.

다른 사람이 싫은 내색을 보이면 그 순간 황 사장은 장난감을 빼앗긴 2살짜리 어린아이처럼 반응했다. 그는 모든 사람이 자신을 존중하고 보살펴야 한다고 여겼다. 그렇다 보니 자신의 생각에 순종하지 않는 사람은 나쁜 사람이고, 그에게는 따끔한 맛을 보여 줘야 직성이 풀렸다.

효심이 깊은 샤오핑의 성장 과정은 절대 평탄하지 않았다. 샤오핑의 친구들은 그녀를 두고 하나같이 '지나치게 책임감이 강한 딸'이라고 입을 모았다. 그도 그럴 것이 그녀는 입만 열면 온통 아버지 이야기뻤이었다.

'아버지가 또 돈이 필요하시대.'
'아버지가 또 도와 달라고 하셔.'
'아버지가 그러시는데….'
'아버지 처지에서는….'

샤오핑의 친구들은 그녀의 꿈이 '아빠를 잘 모시고 기쁘게 해드리는 것'뿐이라고 말했다. 샤오핑은 자신이 무엇을 원하는지, 꿈이 무엇인지 생각해 본 적이 없었다. 지금까지 '효성스러운 딸' 역할에만 충실해 왔다. 하지만 그녀는 조금도 즐거워 보이지 않았고 늘 무표정했다.

덜 자란 어른이 부모가 되면 자식에게 자신을 보살피도록 강요하고, 자식의 요구를 용납하지 못한다. 이렇게 오랜 시간이 흐르면 아이는 자신의 감정을 제대로 인지하지 못해서 요구도 제대로 하지 못한다. 감각은 모호해지고, 생활은 무감해지니 매사에 침묵으로 일관하며 수동적으로 변하고, 부모가 원하는 대로 행동하며 살아간다. 하지만 아이의 마음 깊은 곳에는 질식할 것 같은 답답함이 숨어 있다.

샤오핑은 자신이 아버지에게 돈을 줄 때면 아깝다는 마음보다 두려운 마음이 더 컸다고 인정했다. 그녀는 아버지가 화를 내서 집안

분위기가 무겁게 변하고, 친척과 친구들이 자신을 이기적인 자식이라고 말할까 봐 두려웠다. 그래서 아버지에게 순종하며 자신의 감정을 억누르다가 결국 우울증이 찾아왔다. 샤오핑은 자신의 인생에도 과연 볕들 날이 올지 알고 싶다고 했다. 나는 그녀의 어깨를 토닥이며 모든 것이 자신에게 달려 있다고 말해 줬다.

사실 샤오핑이 아버지에게 계속 돈을 대주며 자신을 불행하게 만든 것은 그녀의 책임이지 아버지의 책임이 아니다. 나는 샤오핑에게 스스로 경계선을 정하지 않았기 때문에 이런 일이 생긴 거라고 말했다. 샤오핑은 아버지에게 돈을 주는 경계선을 정하지 않았고, 그 결과 아버지가 끊임없이 돈을 강요하며 그녀를 점점 구렁텅이로 빠져들게 했다.

나는 그녀에게 이 매듭을 풀려면 결심이 필요하다고 알려 줬다. 자신을 짓누르는 압박감에서 벗어나려면 행동이 함께 따라야 한다. 책임감 없는 부모는 경계선에 대한 개념이 없는 사람이고, 이런 사람은 아이를 조련해 자신이 의지할 대상으로 만든다. 아이가 경계선을 설정하고, 누구도 침범하지 못 하게 한 상태에서 부모를 도우려면 그들이 타인의 경계선을 존중하는 법을 배우도록 만들어야 한다. 이렇게 해야 부모 자식 간에 비로소 해법이 생긴다.

얼마를 책임질지
한도를 정하면 편해진다

나는 샤오핑에게 K의 이야기를 들려줬다.

K는 예민하고 결단력 있는 태도로 마침내 자신의 운명을 바꿀 수 있었다. 그의 어머니는 매일 절에 가서 모든 일에 팔 걷어붙여 봉사를 하고 온종일 염불 소리를 들으며 수행했다. 재작년에는 절에 2,000만 원을 시주하기도 했다. 그러나 집에서는 수도료, 전기료 같은 생활비를 전혀 내지 않았고, 집안일에도 손 하나 까딱하지 않았다. 그녀는 같이 사는 K에게 모든 것을 의지했다.

K는 가족을 부양하는 한편 어머니에게 매월 20만 원의 용돈을 드렸다. K의 어머니는 한 달에 20만 원으로는 불단에 올리는 삼생(三牲:

　　　　　　　　　　　　　　돈 문제부터 해결하라

제사에 산 제물로 바치는 3가지 짐승인 소, 양, 돼지를 가리킴-역자)을 준비하기에도 부족하다고 불평하면서 용돈을 더 올려 달라고 요구했다. 이 순간 K는 정신이 번쩍 들었다.

달라는 대로 줄 수 없다면 단호해져라

K의 방법은 '아이의 역습'이라고 할 만했다. 그는 어머니와 함께 마주앉아 자신이 왜 화가 나는지 솔직히 이야기했다. 그는 자신의 느낌, 바람, 감정을 가감 없이 털어놓았다. 다만 그것은 자신의 이야기일 뿐 어머니에 대한 비난이나 질책이 아니었다.

그날 이후 K는 어머니가 습관적 의존증이라는 것을 확실히 깨달았다고 솔직하게 인정했다. 하지만 어머니의 습관을 바꾸겠다거나 비난할 마음은 없었으며, 어머니를 받아들이는 모양새를 유지했다. 그는 어머니의 바람을 억압하지도, 원망하거나 불평하지도 않았다. 대신 금전적 지원에 한계선을 설정했다. 그는 어머니에게 "전 20만 원 이상은 드릴 수 없어요"라고 말하며 확실히 선을 그었다. 어머니가 격앙된 목소리로 그를 비난하며 눈물을 쏟아 내도 그는 화나 짜증을 내지 않고 완벽하게 자신을 제어하며 반복해서 그 말에 공감해 주기만 했다.

"절 불효막심하다고 생각하는 마음은 충분히 이해해요."

그는 어머니의 말에 반박하지 않았다. 또한 자신이 왜 용돈을 올려 줄 수 없는지에 대해서도 일일이 따지거나 설명하지 않았다. 그저 자신이 줄 수 있는 돈의 한계를 명확하고도 단호하게 반복해서 말할 뿐이었다. 이것이 매우 중요하다.

K는 어머니의 압박과 대치하며 기선을 잡는 일이 처음부터 쉽지는 않았다고 말했다. 하지만 시간이 지날수록 어머니의 감정은 누그러졌다. 그녀는 어느 순간부터 서서히 현실을 받아들이기 시작했다. 심지어 K의 생활에 더 관심을 두고 세심하게 챙기는 모습도 보였다.

이렇게 되기까지 K는 특히 초반에 엄청난 심리적 압박을 견뎌야 했다. 그 끔찍했던 시간이 지나고 나자 팽팽하던 그와 어머니의 관계가 훨씬 느슨해졌고, 억울한 감정이나 스트레스를 받는 일도 사라졌다. K는 어머니와 금전적으로 적정선을 유지하며 여유를 찾았고, 관계 회복까지 성공하는 쾌거를 이뤘다.

K는 어떻게 이런 식으로 완벽하게 문제를 해결할 수 있었을까? 그 과정을 자세히 들여다보면 몇 가지 특징을 발견할 수 있다.

① 자신의 분노에 관해 이야기했다.

② 부모의 유형을 판별하고, 부모를 있는 그대로 받아들였다.

③ 부모를 상대로 한계선을 정하는 노력을 했다.

돈 문제부터 해결하라

나는 샤오핑에게 K의 시나리오를 알려 주면서 만족할 결과를 얻으려면 그가 노력한 방향으로 자신을 단련해야 한다고 말했다.

의무의 부담을
덜어내는 3단계

1단계: 자신의 분노에 관해 이야기하기

① 지금 부모가 당신에게 감당할 수 없을 정도로 의존한다고 여기나요? 당신의 느낌은 어떤가요?

② 지금 부모에게 드리는 용돈이 당신이 감당할 수 있는 정도인가요? 아니면 압박을 느끼나요?

③ 당신은 돈 때문에 부모와 다툰 적이 있나요? 그런 다툼이 일어나면 당신은 어떤 기분이 드나요?

④ 부모가 당신의 경제적 상황에 관심을 두나요? 그렇다면 당신은 기분이 어떤가요? 그렇지 않다면 당신은 기분이 어떤가요?

이런 연습을 하는 목적은 당신의 마음을 무감각한 상태에서 예민한 상태로 전환하기 위해서다. 우리는 자신이 원하는 것에 더 예민해져야 하고, 자신의 느낌을 억누르지 않고 말로 표현하는 법을 배워야 한다. 이것이 부모의 내면과 자신의 내면을 잇고 소통하는 시작점이다.

2단계: 부모의 유형 판별하기

나의 부모는 경제적으로 나에게 매우 의존적이다

ⓐ 전혀 아니다   ⓑ 아니다   ⓒ 어느 정도 그렇다

ⓓ 그렇다   ⓔ 전혀 그렇지 않다

부모님이 돈 관리에 일가견이 없다

ⓐ 전혀 아니다   ⓑ 아니다   ⓒ 어느 정도 그렇다

ⓓ 그렇다   ⓔ 전혀 그렇지 않다

부모님이 용돈 인상을 바란다

ⓐ 전혀 아니다   ⓑ 아니다   ⓒ 어느 정도 그렇다

ⓓ 그렇다   ⓔ 전혀 그렇지 않다

부모님이 돈 문제만 생기면 나에게 도와 달라고 한다

ⓐ 전혀 아니다   ⓑ 아니다   ⓒ 어느 정도 그렇다

ⓓ 그렇다 ⓔ 전혀 그렇지 않다

때때로 내가 부모님을 모시는 것이 아니라 어린아이를 키운다는
느낌이 든다

ⓐ 전혀 아니다 ⓑ 아니다 ⓒ 어느 정도 그렇다
ⓓ 그렇다 ⓔ 전혀 그렇지 않다

부모님이 경제적으로 풍족하도록 나는 항상 희생하는 편이다

ⓐ 전혀 아니다 ⓑ 아니다 ⓒ 어느 정도 그렇다
ⓓ 그렇다 ⓔ 전혀 그렇지 않다

나는 부모님보다 신용 카드 이용 내역서에 더 관심이 간다

ⓐ 전혀 아니다 ⓑ 아니다 ⓒ 어느 정도 그렇다
ⓓ 그렇다 ⓔ 전혀 그렇지 않다

예전부터 부모님은 돈 문제가 생기면 항상 날 찾아왔다

ⓐ 전혀 아니다 ⓑ 아니다 ⓒ 어느 정도 그렇다
ⓓ 그렇다 ⓔ 전혀 그렇지 않다

돈 문제와 관련된 일에서는 내가 부모님보다 더 책임감이 있다고

돈 문제부터 해결하라

늘 생각한다

ⓐ 전혀 아니다　　　ⓑ 아니다　　　ⓒ 어느 정도 그렇다

ⓓ 그렇다　　　ⓔ 전혀 그렇지 않다

내 주변 사람은 모두 나를 가족을 부양하는 실질적 가장이라고
생각한다

ⓐ 전혀 아니다　　　ⓑ 아니다　　　ⓒ 어느 정도 그렇다

ⓓ 그렇다　　　ⓔ 전혀 그렇지 않다

점수 계산
ⓐ-1점, ⓑ-2점, ⓒ-3점, ⓓ-4점, ⓔ-5점
평가
35점 이상: 표준, 28점 이상: 모호, 20점 이상-경미, 20점 이하: 없음

　이런 평가를 하는 목적은 부모를 질책하려는 것이 아니라 부모를
더 정확히 인식하려는 데 있다. 부모의 성향을 확실하게 파악해야 더
이상 그들을 밀어내지 않고 받아들일 수 있다. 받아들이는 것은 포용
이 아니다. 포용은 우리와 부모가 다른 사람이라는 것을 의미한다.
사람은 각자 서로 다른 감정과 이성이 존재하기 때문에 부모는 의존
하는 사람이고, 우리는 독립적인 사람이라고 단정지으면 받아들이는
것이 아니라 두 편으로 가르는 것과 같다.

받아들인다는 것은 일종의 연결이다. 부모에 대한 감정, 이성, 온전한 신뢰를 나와 동일시하는 것이다. 부모도 우리와 마찬가지로 이성적이고 선량하며 사랑을 갖고 있지만, 그것이 왜곡되거나 잘못 발현되는 바람에 경계선을 상실하고 무책임한 모습을 초래한 것뿐이다. 우리는 현상이 아닌 본성을 명확히 인식해야 한다.

부모를 받아들이는 것은 부모의 내면과 새롭게 소통하면서 신뢰감을 만드는 것이다. 우리는 부모의 상황을 명확히 인식하고 긍정적인 잠재력을 예리하게 꿰뚫어 보며 부모가 변할 수 있다고 믿어야 한다. 그리고 부모가 경계선의 개념을 받아들일 수 있도록 이끌어 내야 한다. 이것이 우리가 부단히 연습하고 노력해서 도달해야 하는 최종 목표다.

3단계: 경계선 단련하기

이 연습 과정에서 우리는 K의 방법과 말하는 법을 배워야 한다.

아니라고 말한다

"아버지(어머니), 전 2,000만 원이나 되는 돈을 드릴 수 없습니다."

"아버지(어머니), 전 이 돈을 부담할 능력이 안 됩니다."

"아버지(어머니), 전 용돈을 더 올려드릴 수 없습니다."

이해한다고 말한다

"지금 제가 드린 말씀 때문에 기분이 나쁘실 거라는 걸 저도 다 압니다."

"제가 불효막심하다고 생각하실 거 다 압니다."

"지금 아버지(어머니)께서 자식 복도 없고, 팔자가 박복하다고 생각하신다는 거 다 압니다. 저도 그 마음을 충분히 이해합니다."

"지금 기분 나쁘실 거라는 걸 저도 잘 압니다."

하지만

"하지만 전 드릴 수 없습니다."

"하지만 전 할 수 없습니다."

"하지만 전 안 됩니다."

변명하지 않는다

왜 드릴 수 없는지, 왜 할 수 없는지 구구절절 변명해서는 안 된다. 당신은 누구에게도 변명할 필요가 없다는 것을 명심해야 한다. 당신은 어떤 물음에도 답해서는 안 된다.

이 장에서 우리는 샤오핑과 K의 사연을 거울로 삼고자 했다. 인생의 문제가 그렇게 쉽게 풀리지는 않지만, 인생의 난제를 풀기 위한 노력은 온전히 자신에게 달려 있다. 가시덤불을 헤치고 나아갈지라도 스스로 그 해답을 찾아내야 한다.

4. 소비 성향의 문제, 미니멀리스트와 맥시멀리스트

사람은 저마다 독특한 기질을 갖고 있다. 갓난아기들도 성격이 모두 다르다. 어떤 아기는 예민하고 신경질적이어서 잘 울고, 또 어떤 아기는 무던해서 혼자서도 잘 논다. 세상 사람들이 살아가는 모습은 다양한 종류의 씨앗에서 싹이 나고 줄기가 자라는 것과도 같다. 모든 사람은 타고난 기질, 경험, 환경에 따라 다양한 모습으로 각자의 개성을 드러낸다. 이것이 바로 성격이다. 성격은 결정에 영향을 주고, 이 결정은 습관을 만들고, 습관은 관계를 만든다. 가령 성격과 습관이 서로 맞지 않으면 상대방을 지치게 하고, 결국 그 관계가 깨져 버리기도 한다.

밍꾸이의 상황이 바로 전형적인 예다. 밍꾸이는 실리콘밸리에서 소프트웨어 엔지니어로 일하고 있다. 그녀는 36살에 40살인 남편 즈제를 만나 결혼했다. 두 사람은 그동안 각자 저축해 둔 돈이 있었다. 밍꾸이는 일에 대한 스트레스가 너무 심해서 줄곧 일을 그만두고 싶었다. 7, 8년 동안 퇴직 준비금으로 4,000만 원 정도를 어렵사리 모았는데 즈제를 만나면서 결혼 전에 그 돈을 모두 써 버렸다.

즈제는 밍꾸이의 돈과 자신이 모아 둔 8,000만 원을 합쳐 테슬라 자동차를 한 대 샀다. 또 그는 명품을 선호해서 좋은 물건, 새로운 물건에 돈을 과감하게 투자했다. 이런 그의 행동이 밍꾸이의 마지노선을 건드렸다.

밍꾸이는 소박해서 어릴 때부터 사치와 거리가 멀었고, 늘 검소하게 살며 열심히 일해 돈을 모았다. 그녀는 결혼 전부터 상대가 명품을 선호하고, 비싸고 좋은 물건에 대한 소비욕이 무척 강한 것을 보며 마음이 편하지 않았다. 그녀는 이 문제로 혼자서 속앓이를 하다가 결국 크게 한바탕 싸우고 이혼을 했다. 밍꾸이와 즈제는 취향뿐 아니라 돈을 소비하고 저축하는 것에 관한 생각도 판이했다.

나 역시 이런 상황에 충분히 공감할 수 있었다. 나도 젊었을 때 물욕이 만만치 않았다. 치마 60벌, 상의 180여 벌이 옷장에 가득했고, 신발은 신발장을 꽉 채우고도 모자라 신발 상자가 벽 한 면을 가득

돈 문제부터 해결하라

채우며 빼곡히 쌓여 있었다. 방바닥에는 허리띠, 가방, 머리끈, 속옷이 마치 동물원의 뱀 전시 구역에 가면 볼 수 있는 뱀들처럼 여기저기 똬리를 튼 채 정신없이 놓여 있었다.

반면에 내 남편의 옷장은 딱 필요한 옷만 걸려 있을 만큼 정갈했다. 그는 속옷 하나를 사도 낡아서 구멍이 나기 전까지 버리는 역사가 없었다. 20년 넘게 옷장을 차지하고 있는 외투는 소맷부리가 다 닳아서 보풀이 잔뜩 일어나 있었지만 그는 전혀 아랑곳하지 않았다. 속이 터지는 쪽은 오히려 나였다. 나는 그의 취향을 트집 잡기에 바빴고 늘 못마땅하게 여겼다. 나는 남편에게 불평을 쏟아 냈다.

"이렇게 낡아 빠진 옷은 좀 버리면 안 돼? 당신이 보기에도 너무 심하다는 생각 안 들어?"

"머리 좀 잘하는 데 가서 자르면 안 돼? 싸다고 아무 데나 가서 자르지 좀 말고!"

"도대체 무슨 생각으로 사는 건데! 신발 좀 새로 사 신으면 안 돼? 딱 봐도 너무 낡았잖아!"

남편 역시 내 취향이 탐탁지 않은 듯 타박을 주고 가끔은 좀 더 심각하게 내 소비에 반기를 들 때도 있었다.

"이 옷이랑 비슷한 거 집에 또 있잖아?"

"뭐 하러 밖에서 먹어? 그냥 집에 가서 만들어 먹자!"

"이런 식으로 물건을 자꾸 사들이면 평생 돈 모으기 힘들어!"

우리의 소비 성향은 결혼한 그 순간부터 화합된 적이 단 한 번도 없었다.

무조건 아끼는 사람, 일단 쓰는 사람

소비 성향이란 한 사람이 습관과 취향을 종합해 돈을 쓰는 특징을 말한다. 일반적으로 2가지 유형으로 나눌 수 있다. '절약형'과 '즐기는 형'이다. 즐기는 형은 좋은 물건, 멋진 집, 최신 휴대전화, 고사양 컴퓨터 같은 물건에 집착한다. 그들에게 남들보다 조금이라도 뒤처지는 것은 인생의 낙을 뺏기는 일과도 같다. 나와 즈제가 이런 유형에 속하는 사람이다.

반대로 절약형은 검소한 것이야말로 미덕이라고 생각한다. 설사 좀 낡거나 유행에 뒤처지는 옷을 입고, 소박한 식사에 만족해야 하는 일상이라 해도 그 자체를 기꺼이 감수하고 받아들일 줄 안다. 나의 남편과 밍꾸이가 이런 유형에 속한다.

아내＼남편	절약형	즐기는형
절약형	절약형+절약형	즐기는형+절약형
즐기는형	절약형+즐기는형	즐기는형+즐기는형

절약형과 즐기는형이 결합하면 3가지 조합이 만들어진다. 각 조합
은 도전 과제와 문제점을 안고 있다.

절약형+절약형=전형적인 구두쇠

M과 그의 부인 S는 구두쇠 부부다. M이 사는 상하이는 여름에는
무덥고, 겨울에는 매서운 추위가 찾아온다. 하지만 M은 무더운 여름
에도 에어컨을 틀지 않고, 겨울에는 아무리 추워도 난방기를 켜지 않
는다. 더우면 웃옷을 벗고, 창문을 열어 놓은 후 바닥에 누워 잤고, 추
우면 이불을 몸에 돌돌 말고 허리를 묶어 고정한 후 따뜻한 음식을
만들어 먹는다.

S는 남편의 그런 행동을 보면서도 불평하기는커녕 오히려 한술 더
뜬다. 그녀는 무떡을 만드는 데 5시간, 자동차를 세차하는 데 4시간

을 쓰고, 목욕한 물을 버리지 않고 욕조에 남겨 뒀다가 변기 물을 내릴 때나 바닥을 닦을 때 사용한다. 밤에는 전기를 아끼기 위해 전등을 하나만 켠다. 주변 사람들은 그녀의 절약 정신에 다들 혀를 내둘렀다.

하지만 16살 먹은 M의 아들은 고등학교에 들어가고부터 부모에 대한 불만이 점점 커졌다. 두 사람의 지나친 절약 정신은 아들에게 상당한 스트레스였다. 아들은 부모님이 서로 돈을 많이 썼다고 싸우는 모습을 볼 때마다 무기력해지는 기분도 느꼈다. 그래서 그는 늘 집 밖을 배회하며 부모와의 소통을 거부했다.

결국 M과 S는 돈을 아끼는 데 집착하느라 아들과 소원해지고 말았다.

절약형+즐기는형=전형적인 상극형

D와 그의 여자 친구 B는 아주 상극이다. 한 사람은 왼쪽으로 가는데 다른 한 사람은 오른쪽으로 갈 만큼 성격이 완전히 다르다.

D는 3C 제품 마니아라서 컴퓨터, 휴대전화, 게임기, 스크린, 스피커 등을 사는 데 월급의 70퍼센트를 쓴다. 심지어 한 달 치 월급이 단 한 푼도 남아 있지 않을 때도 있다. 당연히 저축은 꿈도 못 꾼다.

B는 시간제 강사로 월급이 불안정하다. 그래서 언제 일이 줄어들지 몰라 늘 노심초사하며 살고, 혹시 모를 미래에 대비해 벌 수 있을

때 한 푼이라도 아끼며 저축했다.

B와 D는 사귄 지 5년이 됐지만, 두 사람 모두 결혼 결정을 쉽게 내리지 못한다. B는 D가 미래를 준비하지 않는 무책임한 사람이 아닌지 걱정이 앞서서 그와 평생을 함께할 수 있을지 확신이 서지 않는다. D는 B가 즐길 줄도 모르고 옹졸하다고 생각한다. 그래서 그녀와의 결혼 생활이 무료하고 숨통을 조일 것만 같았다.

D와 B의 사랑은 갈수록 식었고, 결혼과도 점점 멀어졌다.

즐기는형+즐기는형=전형적인 욜로족

W와 그의 남자 친구 V는 욜로족으로, 빚을 내서라도 현재를 즐기며 사느라 신용 카드의 노예가 됐다.

W는 에르메스 백 3개, 지미추 구두 40컬레를 갖고 있고, 미키모토 진주에 열광한다. 그녀는 월급을 받으면 방세, 식비를 제외한 나머지 돈을 모두 명품을 사는 데 투자한다.

V는 상가에 중고 가방 전문점을 열었지만 장사는 잘 안된다. 하지만 눈만 높아서 한 해에 파리로 2번, 밀라노로 3번이나 출장 겸 여행을 갔고 여비, 제품 구매비, 물류 창고비까지 합치면 그 이윤을 뛰어넘었다. 지난 몇 년 동안 그는 한 푼도 건지지 못한 채 빚만 늘어나는 상황이다.

그런데 V의 아버지가 최근 병원에 자주 입원했다. V는 병원비를 마련하지 못했고 W 역시 그 돈을 빌려줄 형편이 아니었다. 두 사람은 절망적인 상황에서 상대방의 무능함을 비난하는 것 외에 할 수 있는 일이 없었다. 성취감 없는 삶은 그들의 숨통을 조여 왔고 서로에게 책임을 전가해 보지만 이 또한 절망적인 현실 앞에 아무 의미가 없었다.

소비 성향 측정, 당신은 어떤 그룹에 속할까?

현재 생활(생활 환경, 여행 계획, 여가와 휴식 등)**에 대한 당신의 만족도는 어떤가요?**

☐ 전혀 부족함 없고 매우 만족한다.

☐ 만족한다. 별다른 불만이 없다.

☐ 불만족스럽다. 그저 참고 지낼 뿐이다.

☐ 매우 불만족스럽다. 지금의 생활이 마음에 들지 않는다.

불만을 드러낸 적이 있나요?

배우자가 돈을 너무 많이 썼을 때 불만을 드러냈나요?

☐ 그렇다　　☐ 가끔 그렇다　　☐ 아니다

배우자가 나의 소비 생활에 불만을 드러낸 적이 있나요?

☐ 그렇다　　☐ 가끔 그렇다　　☐ 아니다

당신은 소비 성향은 어떤가요?

나는 사치품을 사야 기분이 좋아진다.

☐ 그렇다　　　☐ 아니다

나는 고사양의 제품을 고집한다.

☐ 그렇다　　　☐ 아니다

외모를 꾸미는 일이 매우 중요하다.

☐ 그렇다　　　☐ 아니다

데이트할 때 늘 상대방을 기다리게 만든다.

☐ 그렇다　　　☐ 아니다

당신이 '아니오'에 몇 개 체크했는지 확인해 보자.

- 두 개 혹은 그 이하: 즐기는형
- 세 개 혹은 그 이상: 절약형

연인이나 배우자가 함께했다면 두 사람은 어떤 조합인가?

☐ 절약형+절약형

☐ 절약형+즐기는형

☐ 즐기는형+즐기는형

유형별 문제점과
개선 방안

절약형+절약형: 인생의 즐거움을 잃는다

표면적으로 절약형과 절약형의 조합은 먹고 입는 것에 크게 의미를 부여하지 않고 최소한의 생활만 유지하면 된다고 생각한다. 이 유형은 여행도 하지 않고, 명품도 사지 않으며 무난하고 소박하게 살아간다. 하지만 실제로 그들의 현실을 들여다보면 또 다른 모습을 드러낸다.

절약형에 속하는 사람은 스트레스가 쌓이기 쉽고 다른 사람에게도 그 스트레스를 전염시킨다. 그들은 한 번 산 옷을 교복처럼 입고, 자신은 물론 타인 또한 엄격한 규율과 잣대로 재단해 모든 사람에게 압박감을 준다. '절약형+절약형' 가정에서 자라는 아이들은 늘 오래되고 낡은 물건을 쓰는 데 익숙해져야 하고, 먹고 싶은 것보다 남은 음식을 아껴 먹어야 한다는 강박 관념에 시달린다. 이런 식으로 오랜 시간이 흐르면 인생의 즐거움이 사라진다. 그들은 무미건조한 생활을 반복하며 개미처럼 일만 하고 최소한의 것만을 추구하는 원칙을 고수하기 위해 늘 자신의 욕망을 절제하고 억누른다.

이런 가정은 구성원들의 에너지를 앗아가고 삶의 흥미도 잃게 만든다.

절약형+즐기는형: 싸움이 끊이지 않는다

절약형과 즐기는형의 조합은 인생관, 세계관, 가치관이 완전히 상반된다.

절약형은 삶의 안전감을 중요하게 생각하고, 즐기는형은 삶의 질을 최우선으로 둔다. 두 사람이 함께 살면 끊임없이 서로를 지적하고 못마땅하게 생각한다. 한쪽은 현재만 생각하며 사는 모습과 지나친 낭비벽을 비난하고, 다른 한쪽은 구두쇠처럼 지나치게 아끼며 재미없게 사는 모습을 마음에 들어 하지 않는다. 서로의 모습이 탐탁지 않지만, 그렇다고 어느 쪽도 고치려고 노력하지는 않는다. 상대방과 말이 통하지 않는다고 분통을 터트릴 뿐이다.

'절약형+즐기는형' 가정에서 소통이 제대로 이뤄지지 않으면 균형이 깨지며 끊임없이 다툼이 벌어지기 쉽다.

즐기는형+즐기는형: 신용 카드 노예 후보자

즐기는형과 즐기는형의 조합은 까탈스러운 예술가처럼 안목이 지나치게 높고 삶의 질을 중시하며 취향이 독특해서 절대 타협할 줄 모른다.

그들은 자신의 인생관이 확고하지만, 사방에는 위기가 포복해 있다. 만약 위기의식이 없다면 그들은 신용 카드의 노예로 살기 십상이고, 결국 거액의 빚더미에 앉아 가족에게 큰 짐을 떠안기게 된다.

조합별 문제 해결 방법

절약형+절약형: 불합리한 절약 습관에서 벗어나자

이 조합의 문제를 해결하기 위한 관건은 불합리한 절약 습관을 버리고 자신이 쓸 수 있는 자원을 합리적으로 배분하는 것이다. 어떤 절약 방법은 이미 시대의 흐름에 맞지 않기도 한다. 돈을 절약할 수 있을 것처럼 보여도 득보다 실이 많을 만큼 비효율적이다.

돈을 절약하는 방법의 효익 여부를 판단하려면 먼저 시간을 돈으로 환산해야 한다. 직접 세차를 하고, 식사 준비를 하고, 연식이 오래된 차나 컴퓨터를 바꾸지 않은 채 계속 사용하는 등의 가치를 계산해야 한다.

각 항목의 수입을 계산하면 비로소 직접 세차와 왁스 칠을 하는 것이 수지타산에 맞는지, 과연 돈이 절약되는지 한눈에 알아챌 수 있다. 그 시간을 다른 일에 할애했다면 삶의 질을 높이고 시간을 더 알차게 사용하며 즐거워지지 않을까? 이 방법을 시도해 보자.

나만의 돈 절약 방법 열거하기

행동	방법	소모 시간
직접 세차, 왁스 칠 하기	걸레, 호스, 자동차가 움직일 수 있는 공간 준비하기	8시간/1주
특가 제품 찾기	광고 전단의 할인권을 모아 상점에서 사용하기	6시간/1주

예시

그중 1가지 일 분석하기

당신의 절약 방법이 과연 수지타산에 맞을까? 만약 당신이 직접 세차를 하는 시간에 아이와 공놀이를 하고, 배우자와 오붓하게 대화를 나누고, 운동을 한다면 더 활기차고 건강한 몸과 정신으로 자신을 바꿀 수 있을지 모른다. 당신은 이런 방식이 더 수지타산이 맞는다고 생각해 본 적은 없는가?

다음 문항에 따라 돈을 절약하기 위해 했던 행동을 근거로 당신이 절약한 돈과 시급을 계산해 볼 수 있다. 이 방식을 통해 당신의 생활

방식이 수지타산에 맞는지 확실히 알아볼 수 있다. 다음 예시를 참고해 당신도 직접 작성해 보자.

- 돈을 절약하는 방법: 직접 세차와 왁스 칠을 한다.
- 얼마의 돈을 절약했는가?: 1만 원/1회, 1주에 2회면 총 2만 원
- 얼마의 시간이 들었는가?: 8시간
- 시급으로 계산해 보자: 2만 원을 8시간으로 나누면 1시간에 2,500원
- 시급 2,500원. 당신은 이 시급에 만족하는가?
- 불만족스럽다면 세차에 드는 시간을 다른 일에 쓸 수 있다.
  - → 돈 벌기: 재무, 금융 관련 책을 한 권 사서 읽을 수 있다.
  - → 경험 쌓기: 등산 동호회에 들어가 매주 등산을 할 수 있다.
  - → 인간관계의 질 향상하기: 아들과 함께 공놀이를 하고, 딸과 함께 영화를 보러 갈 수 있다.

절약형+즐기는형: 가치관 차이에 앞서 소통이 중요하다

이 가정은 구성원의 가치관이 확연하게 다르다. 가치관은 옳고 그름을 떠나 소통에 걸림돌이 돼서는 안 된다. 이 유형의 부부는 신중하게 그 차이를 좁혀야 한다. 이를 위해 늘 소통하고 충분히 대화를 나누며 각자 성격의 발달 원인을 찾아내고, 서로를 이해하며 신중하

게 말하는 노력이 필요하다. 다음 대화 유형을 참고해 보자.

경청 VS. 거절

- 경청

  아내: 지금 우리 집의 경제적 상황에 관해 얘기를 좀 나눠야 할 것 같아.

  남편: 응. 당신 생각부터 들어 보자.

- 거절

  아내: 지금 우리 집의 경제적 상황에 관해 얘기를 좀 나눠야 할 것 같아.

  남편: 또 시작이네. 그딴 거 얘기해서 뭐 하게? 또 뭐가 문젠데?

공감 VS. 비난, 매도, 협박

- 공감

  아내: 요즘 들어 생활비가 좀 빠듯하거든. 도대체 어떻게 된 일인지 당신한테 좀 물어보려고.

  남편: 걱정돼서 그래? 요즘 우리가 돈을 많이 썼나 보네. 당신이 그런 말을 하니까 나도 좀 걱정되네.

- 비난, 매도, 협박

  아내: 요즘 들어 생활비가 좀 빠듯하거든. 도대체 어떻게 된 일

돈 문제부터 해결하라

인지 당신한테 좀 물어보려고.

남편(비난): 그걸 지금 내 탓이라고 말하고 싶은 거야? 난 꼭 써야 할 때만 쓰고, 안 써야 할 때는 안 썼어. 내가 무분별하게 물건을 살 리 없잖아!

남편(매도): 돈 관리는 당신이 하잖아? 도대체 돈을 어떻게 관리하길래 그래? 멍청하게 그런 것도 하나 제대로 딱딱 못 해?

남편(협박): 계속 그딴 식으로 해서 길거리로 나앉으면 전부 당신 탓인 줄 알아!

문제점 제시 VS. 명령, 성토, 풍자, 저주

• 문제점 제시

아내: 내가 지난 한 달 동안 가계부 정리도 안 한데다가 어떤 주식을 샀는지 잘 모르거든. 통장 관리도 오랫동안 제대로 하지 않아서 1년에 얼마나 저축했는지는 잘 모르지만, 이상하게 계좌에서 돈이 계속 줄어드는 거 같아. 한창 젊을 때 저축도 제대로 안 했다가 노후에 고생하게 될까 봐 걱정이야.

남편: 그러니까 당신 말은 우리 집의 재정 상태는 제대로 몰라도 통장 잔액이 계속 줄어서 나중에 어떻게 살지 걱정이라는 거지?

• 명령, 성토, 풍자, 저주

아내: 내가 지난 한 달 동안 가계부 정리도 안 한데다가 어떤 주

식을 샀는지 잘 모르거든. 통장 관리도 오랫동안 제대로 하지 않아서 1년에 얼마나 저축했는지는 잘 모르지만, 이상하게 계좌에서 돈이 계속 줄어드는 거 같아. 한창 젊을 때 저축도 제대로 안 했다가 노후에 고생하게 될까 봐 걱정이야.

남편(명령): 수입과 지출을 똑바로 정리해! 당장!

남편(성토): 내가 직장 일로 얼마나 바쁘고 힘든지 당신도 알잖아? 그런데 지금 나더러 돈 관리까지 하라는 거야? 정말 해도 너무 하는 거 아냐?

남편(풍자): 아주 잘 한다! 매일 집에서 하는 일 없이 먹고 자고 팔자 좋게 지내는 가정주부가 그거 하나 제대로 못 해서 집안까지 말아먹고 싶은가 보네!

남편(저주): 돈 관리도 제대로 못 하는 주제에, 다른 건 안 봐도 훤하네!

이와 유사한 대화는 여러 상황도 함께 대입할 수 있다. 이런 유형의 사람은 말이 신뢰감을 훼손하고 관계를 파괴하는 기관총이 되지 않도록 소통에 주의를 기울여야 한다. 또 이런 유형의 배우자에게는 차분히 앉아 합의를 도출해 내야 한다고 제안한다.

예를 들어 '즐기는형'인 사람은 한 달에 외식을 몇 번 하는지, 1년에 여행을 몇 번 다니는지, 1년에 명품이나 비싼 기기를 몇 개 사는지 등

에 대해 배우자와 함께 그 답을 써 내려가다 보면 '합의문'이 만들어
질 것이다.

> • 나는 1년에 (   )번의 여행을 하며 (   )원을 넘기지 않
> 는 소비를 하기로 약속한다.
> • 나는 1년에 (   )개까지만 가방을 사기로 하고, (   )원
> 을 넘기지 않는 소비를 하기로 약속한다.
> • 나는 1년에 화장품을 살 때 (   )원을 넘기지 않는 소비를
> 하기로 약속한다.

합의문 예시

매년 분쟁이 일어날 때마다 서로 합의문을 꺼내서 맞춰 보자. 이런
방법으로 부부간의 갈등과 언쟁을 줄일 수 있다.

즐기는형+즐기는형: 자신의 문제를 직시해야 한다

이 유형은 위기의식이 부족해서 과도하게 낙관적이고 수많은 문제
를 누적한다. 이런 위기를 해결하기 위해서는 자신을 다잡고 문제를
직시해야 한다.

다음 문항을 체크해 보자.

두 사람의 저축액이 계속해서 줄고, 채무가 지속해서 증가한 지
1년이 넘어간다.
네 ☐   아니오 ☐
이 상황은 전혀 예상하지 못했고, 어떻게 해야 상황을 개선할 수
있을지 모르겠다.
네 ☐   아니오 ☐

만약 두 가지 문항의 답변이 모두 '네'라면 집안의 재무 상황이 결코
낙관적이지 않다는 뜻이다. 지금의 재무 상황을 계속 내버려 두면 갈
수록 악화돼서 가정 경제가 무너질 수 있다.

지난 1년 동안 당신이 산 가장 비싼 물건이 무엇인지 적은 후 이어
지는 질문에 답해 보자.

물품:
가격:
일시:

당신의 월급은 얼마인가? _____원
당신은 한 달에 며칠을 일하는가? _____일

당신의 일당은 얼마인가? _____원

당신은 하루에 몇 시간을 일하는가? _____시간

당신의 시급은 얼마인가? _____원

정말인가? 출퇴근, 피로를 풀기 위한 마사지, 보상을 위한 여행, 화풀이하며 수다 떠는 시간까지 모두 계산에 넣자.

당신은 하루에 몇 시간을 일하는가? _____시간

당신의 진정한 시급은 얼마인가? _____원

당신이 총 몇 시간을 들여야 비로소 이런 것들을 살 수 있는가?

_____시간

질문에 답하는 과정을 통해 실제로 몇 시간을 일해야 당신이 가진 것 중 가장 비싼 물건을 살 수 있는지 정확히 파악할 수 있다. 이렇게 해서 당신은 돈을 이해하고, 중요하게 생각하는 데 도움을 받을 수 있다. 사실 당신이 산 물건은 모두 당신의 생명, 활력과 맞바꾼 것이다. 당신은 그 물건을 사기 위해 얼마나 많은 시간을 들여야 했는지 정확히 알고, 그것이 과연 그럴 만한 가치가 있는지 알아볼 필요가 있다.

이제 당신 가정의 한 달 가계부를 정리해서 수입 총액과 지출 총액을 추산해 보자. 그리고 앞으로 절약할 수 있는 항목은 몇 개인지, 얼마를 절약할 수 있는지 꼼꼼히 살펴보자. 모두 마쳤다면 이제 스스로에게 하나의 목표를 부여한다. '나는 매달 얼마씩 절약한다'고 목표를 정한 후 부부가 함께 서명한다.

여기에서 당신이 할 수 있는 일은 문제와 대면하고 개선하며 이성을 유지하는 것이다. 사람마다 성격이 다르듯 문제를 해결하는 법도 같을 수 없음을 명심하자. 자신을 이해하고 겸허한 마음을 갖는다면 점차 균형 잡힌 인생으로 발전할 수 있다.

5. 돈에 관한 청사진,
당신은 어떤 미래를 그리는가?

　이전은 최근 들어 이혼 문제로 정신이 없었다. 활달한 성격의 그녀는 호텔에서 일하며 여행 다니는 것을 좋아했다. 그래서 결혼 전만해도 1년에 2번씩 해외로 나갔고, 가끔 펜션에 가서 지내다 오기도 했다. 이전의 아버지는 성공한 사업가였고, 그녀는 막내딸로 태어나 어릴 때부터 물질적으로 부족함 없이 살아왔다. 하지만 35살에 결혼을 하면서부터 모든 것이 달라졌다.

　이전의 남편은 타이난 출신으로 부지런하고 성실할 뿐 아니라 성품도 자상하고 따뜻했다. 연애할 때만 해도 그는 이전을 공주님처럼 떠받들며 사랑했다. 남편은 고생하며 자라서인지 청소, 요리, 세탁,

설거지 등 집안일을 능수능란하게 했다. 이전은 모든 것을 그에게 의지하고 공주처럼 대접받으며 행복한 연애를 했다.

이전은 1년 전에 임신을 했는데 두 사람이 결혼하고 신혼집을 구하면서부터 갈등이 깊어졌다. 이전의 남편은 결혼 후에도 집에서 밥을 하고 설거지를 도맡았다. 다만 남은 밥과 반찬을 남겨뒀다가 다 먹을 때까지 몇 번이고 데워 먹었다. 그리고 이전은 더는 여행을 가거나 외박을 할 수 없게 됐다. 남편은 여비가 비싸고 안전하지 않다는 이유를 댔지만, 사실 그는 아주 소액이라도 아껴 써야 한다는 생각에 그녀의 모든 지출을 차단한 것이었다.

이전이 가장 참기 힘든 점은 남편이 매일 저녁 자신의 지갑에서 영수증을 꺼내 어떤 물건을 얼마에 샀는지 일일이 검사하는 것이었다. 무슨 범죄자도 아닌데 부부 사이에 이런 감시와 통제를 받는다는 것 자체가 말이 되지 않았다. 결국 그녀는 남편과 대판 싸우고 친정으로 가서 다시는 돌아가지 않았다.

카페에서 만난 이전은 어깨가 떨릴 정도로 흐느꼈다. 그녀는 남편이 자신을 생각이 없고 철없는 한심한 인간으로 취급한다며 서러워했다. 그녀의 남편은 몇 년만 참고 견디면 저축 보험 납입도 다 끝나고 주택 대출금도 다 갚을 수 있으니 무조건 자신이 하는 대로 따라 달라며 고집을 꺾지 않았다. 그는 그때가 되면 지금보다 훨씬 생활이 나아질 거라며 자신만의 미래를 그렸고, 그것을 아내에게 강요했다.

이전도 남편의 고충을 이해했다. 그에게는 소아마비에 걸린 남동생과 시골에서 농사를 짓는 부모님이 있었다. 그녀는 남편이 왜 그렇게 사소한 것까지 신경 쓰며 아끼려고 애쓰는지 이해할 수 있었다. 하지만 '젊을 때 고생은 사서도 한다고, 젊을 때 바싹 벌어 놔야 늙어서 편하게 살고 고생 끝에는 낙이 오는 법이다'라는 그의 인생관만큼은 도저히 받아들일 수 없었다.

"외식도 못 하고, 영화도 못 보고, 돈만 생기면 무조건 은행에 넣어야 해요. 나중에 잘사는 것도 중요하죠. 하지만 지금 당장 아무것도 즐길 수 없고, 사는 것 자체가 고역인데 나중이 다 무슨 소용이죠? 이렇게 살다가는 제 명대로 못 살 거 같아요. 내가 50살도 안 돼서 죽으면 통장에 아무리 많은 돈이 있다고 한들 무슨 소용이겠어요? 난 이러려고 결혼을 한 게 아니라고요. 내가 왜 이렇게 살아야 하죠?"

이전은 아무 즐거움 없이 돈만 모으며 인생을 살고 싶지 않았다. 그녀는 결혼 전후로 삶의 질이 달라질 이유도 없었고, 젊을 때나 나이 들어서나 그 시기에 맞게 최선을 다해 살면 그만이라고 믿으며 살아왔다. 남편처럼 고생 끝에 낙이 올 테니 노후를 위해 지금을 희생하자는 식의 인생관을 받아들일 수 없었다. 결국 그녀는 이혼을 결심했고, 그 마음을 절대 돌리지 않았다.

돈에 관한 청사진을 둘러싼 두 사람의 갈등은 마침내 폭발의 도화선이 되고 말았다.

사람은 각자
보고 배운 대로 살게 된다

청사진이란, 어떤 사물에 대한 절차와 단계가 있는 예견과 상상이다. 사람마다 머릿속에 그리는 그림은 모두 다르다. 갓 20살이 된 젊은이에게 인생 청사진을 그려 봐 달라고 한다면 그는 20살 때 모습, 30살 때 모습, 40살 때 모습을 상상해 보고, 더 나아가 80살, 90살의 모습까지 그려 볼 것이다. 그는 퍼즐을 맞추듯이 자신의 삶을 예상해 보고, 거기에 자신의 모습을 꿰맞추고, 자신의 갈망을 투사하며 그것들을 하나로 연결해 파노라마 같은 인생의 청사진을 완성한다. 이런 과정은 한 사람이 돈에 관한 청사진을 예상하는 과정과도 다르지 않다. 인생 청사진이란 인생에 대한 예상이고, 돈에 관한 청사진은 금전적 상황에 대한 예상이다.

이전의 남편은 절약 정신이 투철한 사람이다. 그는 어릴 때부터 고생하며 자라서 즐기고 누리는 인생에 별다른 의미를 부여하지 않고 살아왔다. 어른이 된 후에도 그가 절약하고 절제하며 사는 생활은 계속됐고 남들처럼 즐기며 살지 못해도 자신의 삶에 만족했다.

이전의 남편에게 돈에 관한 청사진을 예상해 보라고 한다면 어떤 대답이 돌아올까? 그는 젊었을 때는 물론 결혼 후 심지어 나이가 훨씬 많이 들어서도 절약하며 살아야 한다고 여길 가능성이 크다. 사람은 60살까지는 맡은 바 책임을 다하며 인생을 살아야 비로소 먹고살 걱정을 안 하고 평탄한 생활을 할 수 있다는 식으로 말이다. 그의 돈에 관한 청사진을 표로 그려 본다면 이런 모습일 것이다.

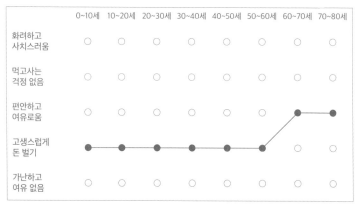

이전 남편의 돈에 관한 청사진

돈 문제부터 해결하라

하지만 이전은 그와 달랐다. 그녀는 판형 공장의 사장인 아버지를 둔 덕에 빌라에 살며 매년 해외로 여행을 떠나고 매주 가족끼리 외식하러 가는 등 결혼 전 시절을 여유롭고 행복하게 보냈다. 이전이 그린 미래에서 자신의 인생은 당연히 순조롭게 흘러갔다. 결혼 후에도 해외여행을 다니고 갖고 싶은 물건을 사며 근심 걱정 없이 여유로울 터였다. 당연히 나이가 들어서도 씀씀이를 줄이고 절약할 필요 없는 안정적이고 편안한 삶이 기다릴 거라고 생각했다.

하지만 결혼을 하자 그녀의 인생에 커다란 변화가 찾아왔다. 그녀의 돈에 관한 청사진을 그림으로 그린다면 이런 모습일 것이다.

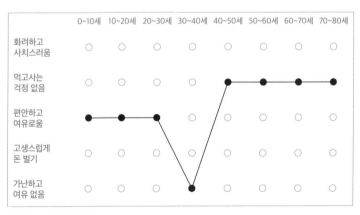

이전의 돈에 관한 청사진

이전 부부의 돈에 관한 청사진을 대조해 보면 중첩되는 부분이 전혀 없다.

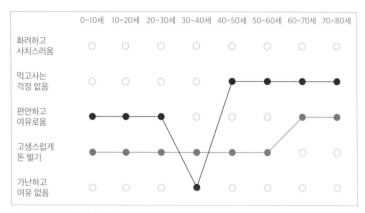

	0~10세	10~20세	20~30세	30~40세	40~50세	50~60세	60~70세	70~80세
화려하고 사치스러움	○	○	○	○	○	○	○	○
먹고사는 걱정 없음	○	○	○	○	●	●	●	●
편안하고 여유로움	●	●	●	○	○	○	●	●
고생스럽게 돈 벌기	●	●	●	●	●	●	○	○
가난하고 여유 없음	○	○	○	●	○	○	○	○

이전 부부의 돈에 관한 청사진

이전과 남편이 그리는 미래는 왜 이렇게 다른 걸까? 가장 중요한 원인은 바로 두 사람의 과거 경험이 다르기 때문이다.

이전의 남편은 돈을 쓰는 데 신중하다. 그는 어릴 때 책가방, 교과서, 교복 등을 모두 물려받아 썼고, 물건을 하나 사면 다 낡고 닳아 없어질 때까지 썼다. 부모님도 근검절약이 몸에 배어서 아들이 돈을 들여 자신을 꾸미고 여가를 즐기는 것을 쓸데없는 일이라고 탐탁지 않게 생각했다. 부모님은 30년 동안 허리띠를 조이며 산 덕에 집 대출금을 모두 갚았고, 꽤 많은 돈을 저축하며 소박하고 평범하게 산다. 이전의 남편은 대학을 졸업하자마자 취직해서 열심히 돈을 모으고 적극적으로 투자를 하며 알 수 없는 미래에 대비했다.

반면 이전은 막내로 태어났다. 그녀를 낳았을 때 부모의 나이가 마흔이었는데, 이미 사업도 안정 궤도로 진입한 데다 은행에 꽤 많은 돈이 들어 있었다. 결혼 전까지 이전은 부모님 집에서 지내며 아버지를 도와 심부름을 하고 자질구레한 일을 처리하며 돈을 받았고, 저축이나 투자에 신경 쓸 필요가 없었다. 비록 아르바이트에 불과했지만, 부모의 그늘에서 돈 걱정 없이 편안하게 생활했다.

결혼 후에도 이전의 남편은 저축과 투자에 열을 올렸고, 그녀는 그 모습에 숨이 막힐 지경이었다. 그녀는 마음 내키는 대로 돈을 쓰며 아무 근심 걱정 없이 살 수 없게 됐고, 살면서 해 보지도 않은 절제를 하며 스트레스를 참아 내야 했다. 돈 문제로 부부 싸움이 일어날 때면 그녀는 늘 절망에 휩싸여 낙담했다.

돈에 관한 청사진을 그릴 때 그녀는 결혼 무렵인 '30~40세' 구간에 다다르자 주저 없이 밑바닥까지 선을 쭉 내렸다. 반면 이전의 남편은 같은 나이대에 '고생스럽게 돈 벌기' 상태에 있었다. 이전의 남편이 생각하는 '고생스럽게 돈 벌기'는 이전에게 '가난하고 여유 없음' 구간이었다.

이들 부부는 현 상황에 대한 인지가 전혀 일치하지 않았다. 심지어 미래에 대한 기대도 완전히 달랐다. 이전은 '먹고살 걱정 없는 미래'

를 꿈꿨고, 남편은 '편안하고 여유로운' 삶을 기대했다. 이런 생각의 차이는 부부를 멀어지게 만들기에 충분했다.

반려자와
같은 미래를 그리는 연습

사람의 대뇌는 컴퓨터 하드웨어와 같다. 우리의 독특한 경험과 지식은 하드웨어에 주입한 소프트웨어라고 할 수 있다. 컴퓨터를 부팅하면 바로 연산 작업을 거쳐 프로그램이 시작되고, 그것과 상충하는 소프트웨어는 모두 여과된다.

이전과 남편은 소프트웨어 방어벽이 무너지면서 대뇌가 다운되고 말았다. 이 기능을 회복하려면 소프트웨어를 수정해 호환 모드로 들어가야 한다. 나는 이전 부부를 돕는 과정에서 그들에게 상대방을 받아들이도록 요구했다. 누구의 경험이 잘못되거나 나쁜 것이 아닌 이상 서로 이해하고 문제를 투명하게 드러내야 함께 소프트웨어를 업그레이드하고 청사진을 수정할 수 있다. 그리고 기능을 회복해서 한 마음으로 나아갈 수 있다.

다음은 조나단 리치의 책에서 참고한 '업그레이드 가이드'다. 각 문항마다 부부가 모두 대답해 보자.

① 부모님이 어떻게 돈을 쓰고 모았는지 되돌아보자.

② 남편과 아내가 서로 돈을 쓰고 모으는 습관을 돌아보고 배울 만한 점을 찾아 칭찬해 보자.

③ 남편과 아내가 서로 돈을 쓰고 모으는 습관을 돌아보고 고쳐야 할 부분을 찾아내 알려 주자.

④ 지금의 생활을 평가해 보고 만족하는지 생각해 보자.

⑤ 각자가 바라는 미래의 삶에 대해 이야기해 보고 왜 그런 바람을 갖게 됐는지 생각해 보자.

⑥ 서로의 '돈에 관한 청사진'을 그려 보자.

부부는 각자 상황에 근거해 먼저 동그라미에 색을 칠하고 난 후 각각의 동그라미를 선으로 연결해 보자. 그리고 두 사람의 청사진을 비교해 보자.

두 사람의 돈에 관한 청사진이 일치하는가? 다르다면 상대방과 함께 청사진을 어떻게 수정해야 서로의 선이 일치할 수 있을지 상의해 보자.

돈 문제부터 해결하라

	0~10세	10~20세	20~30세	30~40세	40~50세	50~60세	60~70세	70~80세
화려하고 사치스러움	○	○	○	○	○	○	○	○
먹고사는 걱정 없음	○	○	○	○	○	○	○	○
편안하고 여유로움	○	○	○	○	○	○	○	○
고생스럽게 돈 벌기	○	○	○	○	○	○	○	○
가난하고 여유 없음	○	○	○	○	○	○	○	○

사례 참고하기

① 부모님이 어떻게 돈을 쓰고 모았는지 되돌아보자.

• 남편: 부모님이 농사를 지어서 경제적으로 넉넉한 집이 아니었다. 어머니는 돈을 아끼느라 외식을 거의 하지 않고 매끼 식사를 직접 준비했다. 아버지는 아주 절약 정신이 투철하고 근면 성실한 사람이다. 옷 한 벌을 사면 10년 넘게 입었고, 신발 한 켤레를 사도 다 헤져서 신을 수 없을 지경이 될 때까지 버리지 않았다.

이런 부모님을 보고 자라서인지 나도 근면 성실하게 일하고 절약하는 습관이 몸에 배었다. 나 역시 집에서 식사하는 것을 좋아하고 여가나 취미 활동에 크게 의미를 두지 않는다. 나는 어른이 된 후에 나를 위한 물건을 거의 사지 않았다.

- 아내: 아주 부자는 아니었지만, 어머니가 장사를 해서 현금이 늘 있었다. 아버지는 투자에 무관심했다. 아버지는 자신이 돈을 얼마나 쓰는지, 남아 있는 돈은 얼마인지에 대한 개념이 전혀 없었다. 부모님은 아주 열심히 일해서 돈을 벌고 소비했으나 예산에 대한 개념이 없었다.

  나도 어른이 된 후 부모님처럼 열심히 일하며 계획 없이 돈을 썼고 투자에는 관심이 없었다.

② 남편과 아내가 서로 돈을 쓰고 모으는 습관을 돌아보고 배울 만한 점을 찾아 칭찬해 보자.

- 남편이 아내 칭찬하기:

  "당신이 좋은 장식품으로 집안을 근사하게 꾸며 줘서 고마워."

  "당신이 여행을 가고, 책을 사고, 새로운 것을 배우는 덕에 내 생활이 훨씬 풍요로워졌어. 고마워."

  "당신이 아이를 미술 학원에 보내서 예술적 감성을 키울 수 있게 해 줘서 고마워."

- 아내가 남편 칭찬하기:

  "당신이 돈을 함부로 쓰지 않고 소박하게 생활해 줘서 고마워."

  "당신이 냉장고 안에 남은 음식이 없게 만들어 주고, 낭비하지

돈 문제부터 해결하라

않았는지 자꾸 일깨워 줘서 고마워."

"당신이 담배를 피우지 않고, 온라인 게임을 하지 않아서 고맙고, 비싼 피규어 수집 같은 취미가 없어서 고마워."

③ 남편과 아내가 서로 돈을 쓰고 모으는 습관을 돌아보고 고쳐야 할 부분을 찾아내 알려 주자.

· 남편이 부인에게 알려 주기:

"당신의 금전적 목표가 조금 높아서 나에게 부담감을 줘."

"당신은 가끔 물건을 함부로 사는 경향이 있어."

"당신이 돈을 쓰는 데는 나름의 이유가 있겠지만, 대부분 즉흥적인 경우가 많아."

· 아내가 남편에게 알려 주기:

"좋은 옷을 사 입으면 안 될까? 셔츠를 10년도 넘게 입어서 색이 다 누렇게 변하고 늘어졌어."

"당신과 쇼핑을 할 때면 항상 '이건 필요 없어', '이걸 왜 사는데?'라는 말을 습관처럼 해서 귀에 못이 박일 지경이고 그럴 때마다 화가 많이 나."

"사람은 야망과 꿈이 있어야 한다고 생각해. 먹고사는 걱정 없는 평탄한 삶만 추구한다면 사는 게 무슨 의미가 있겠어?"

④ 지금의 생활을 평가해 보고 만족하는지 생각해 보자.

- 남편: 나는 지금 부족한 것이 아무것도 없고 아주 만족스러워.

- 아내: 나는 지금 아주 풍족하다고 생각해. 현금을 좀 더 보유하고 학비 부담을 좀 더 낮추면 더 여유가 생길 것 같아.

⑤ 각자가 바라는 미래의 삶에 대해 이야기해 보고 왜 그런 바람을 갖게 됐는지 생각해 보자.

- 남편: 사람은 태어나서 죽을 때까지 부족함 없이 사는 것으로 충분하다고 생각해. 나한테는 과한 욕심이나 야망이 없어. 그저 온 가족이 별 탈 없이 살면 그게 바로 행복이지. 그래서 나는 지금에 만족해. 계속 이 상태를 유지하길 바라고, 늙어서 돈이 좀 넉넉지 않아도 나는 적응할 수 있어.

- 아내: 나는 나이가 들수록 수입이 더 많이 늘어나서 돈 걱정 없이 살고 싶어. 지금은 절제하며 사는 것이 좋다고 생각하지만, 나이가 들어서 금전적 여유가 생기면 여행도 다닐 생각이야. 나는 나이가 들었을 때 지금보다 더 멋진 삶을 살고 싶어.

⑥ 서로의 '돈에 관한 청사진'을 그려 보자.

부부는 각자 상황에 근거해서 동그라미에 색을 칠한 후 각각의 동그라미를 선으로 연결해 보자.

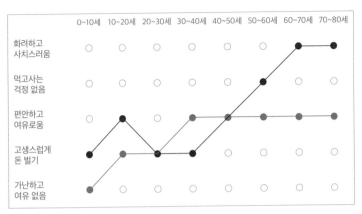

남편과 나의 돈에 관한 청사진(검정색: 나, 붉은색: 남편)

우리 부부가 이 청사진을 그렸을 때 나는 상당히 놀랐다. 청사진을 통해서 지난 세월 동안 나와 남편 사이에 누적된 갈등이 명확히 드러났기 때문이다.

남편은 어릴 때부터 고생하며 넉넉지 않게 살아왔다. 그래서 그는 젊을 때 절약해야 은퇴 후에 조금이라도 여유롭게 살 수 있다고 생각했다. 나 역시 어릴 때 가정 형편이 안 좋았지만, 20살이 될 무렵부터 어머니의 장사가 안정권에 접어들며 가세가 폈다. 그때부터 나는 경제적으로 부족한 것 없이 풍족하게 살았다.

사실 나는 결혼 후에도 결혼 전과 같은 생활을 쭉 유지하거나 그보다 더 나아질 거라고 생각했다. 심지어 더 빨리 돈을 모아서 나이가 들어도 아주 부유하게 잘살 거라고 믿어 의심치 않았다. 내 머릿속의 돈에 관한 청사진은 이렇게 그려졌다.

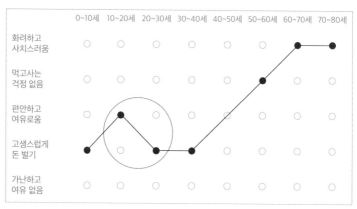

나의 돈에 관한 청사진

　돈에 관한 청사진을 통해 발견한 흥미로운 점은 20~30대에 돌연 곤두박질을 쳤다는 것이다. 나의 경제 상황은 결혼 후 강제로 빚을 떠안았고, 현금 흐름이 막히고 소득이 늘지 않아 극도로 절약하는 삶에 심한 변화를 겪었다. 커다란 동그라미 구간은 아주버니의 카드 빚을 떠안았을 시점이다.

　반면에 남편의 돈에 관한 청사진을 보니 같은 시기에 기복이 거의 없고 너무나 안정적이었다. 그 당시 별다른 거부감이 없어 보였던 그의 반응이 이제야 이해됐다. 커다란 동그라미 구간은 아주버니의 카드 빚을 떠안았을 시점이다.

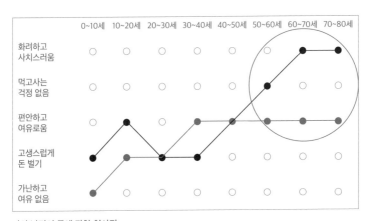

	0~10세	10~20세	20~30세	30~40세	40~50세	50~60세	60~70세	70~80세
화려하고 사치스러움	○	○	○	○	○	○	○	○
먹고사는 걱정 없음	○	○	○	○	○	○	○	○
편안하고 여유로움	○	○	○	●	●	●	●	●
고생스럽게 돈 벌기	○	●	●	○	○	○	○	○
가난하고 여유 없음	●	○	○	○	○	○	○	○

남편의 돈에 관한 청사진

	0~10세	10~20세	20~30세	30~40세	40~50세	50~60세	60~70세	70~80세
화려하고 사치스러움	○	○	○	○	○	○	●	●
먹고사는 걱정 없음	○	○	○	○	○	●	○	○
편안하고 여유로움	○	●	○	●	●	●	●	●
고생스럽게 돈 벌기	●	●	●	●	○	○	○	○
가난하고 여유 없음	●	○	○	○	○	○	○	○

나와 남편의 돈에 관한 청사진

더 흥미로운 점은 우리 부부가 미래의 삶에 대한 기대치 부분에서 낙차가 상당히 컸다는 것이다. 남편은 시골에서 자랐다. 그는 죽을 때까지 돈 걱정 없이 살 수 있으면 그것으로 충분하며, 평안하게 만족하며 사는 삶이야말로 가장 큰 축복이라고 믿으며 살아왔다. 그는 별다른 야망이나 바람이 없었다. 그래서 그의 청사진을 보면 40살부터 80살까지 쭉 같은 상태로 이어진다.

반면에 나는 그렇지 않았다. 청사진에 비춰 보면 나는 향상과 발전에 대한 갈망이 있고, 지금보다 더 높은 수준의 삶을 살기를 열망한다. 남편과 나의 이런 생각의 차이가 늘 갈등을 불러일으켰다.

나와 남편은 도표를 다 완성한 후 차를 마시며 차분히 이야기를 나눴다. 우리는 돈 쓰는 습관, 바라는 것, 현 상황에 대한 각자의 인식을 공유한 후 서로의 마음을 다독여 주는 시간을 보냈다. 나는 그에게 옷을 아예 안 살 수는 없지만, 불필요한 지출을 줄이겠다고 말했다. 그는 나의 말을 듣고 난 후 자신도 너무 낡고 오래된 옷은 버리고 좋은 옷과 신발을 사겠다고 했다. 지출에 대한 기준도 낮추겠다고 약속했다.

이보다 더 중요한 것은 이날 우리가 서로 바라는 바를 들어 주고 노후 자금에 대해 다시 한번 짚고 넘어가며 서로를 격려했다는 점이다. 나는 남편의 바람을 이해하고 남편도 나의 바람을 이해했다. 우리는 서로 맞지 않는 부분을 최대한 맞추고 수정하며 함께 새로운 가계 목표를 정했고, 각자 그리던 삶의 그림이 선명해지고 일치하도록 만들어 나갔다.

우리는 함께 새로운 청사진을 그리고 최종 바람과 목표를 조정했
다. 나는 80살의 목표를 '화려하고 사치스러운' 생활에서 '먹고사는 걱
정 없이 풍족한' 삶으로 바꿨고, 남편은 '편안하고 여유로운' 생활에서
'먹고사는 걱정 없이 풍족한' 삶으로 상향 조정했다. 우리의 청사진
속에서 목표하는 바가 겹치자 만족감이 찾아왔다.

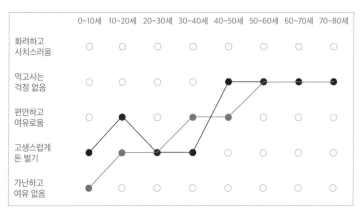

소통 후 나와 남편이 새로 조정한 돈에 관한 청사진

마지막으로 누구나 참고할 수 있도록 우리가 시도한 방법을 알려
주고자 한다. 돈에 관한 청사진을 중요하게 생각하고 가계 경제를 계
획하는 것은 부부가 마땅히 해야 하는 일이다.

- 우리는 여유로운 가계 상태를 유지하는 데 합의했다. 여기서 여유는 (　　　)원의 은퇴 후 자금을 가리킨다.
- 우리는 가계부를 계속 기록해서 연간 지출을 한눈에 추적할 수 있도록 하고, 매년 (　　　)원의 목표액을 저축하기로 했다.
- 우리는 지속적인 투자로 수익률을 높여 원금을 누적해 나갈 것이다. 연간 예상 수익률은 (　　　)%다.

배우자는 재테크 과정에서 서로에게 최대 걸림돌이다. 일단 서로의 생각이 다르면 결국 모든 노력이 헛수고가 된다는 점을 명심하자.

　　　　　　　　　　　　　　　　돈 문제부터 해결하라

제3장

돈과 사람 문제를
해결하는 현실적인 방법

내 돈, 네 돈, 우리 돈이 구분되는 5가지 원칙

원칙이 없는
사람은 휘둘린다

매일 잠에서 깨어나 하루를 시작하는 삶은 그 자체로 충분히 의미가 있다. 우리는 밥을 먹고, 출근하고, 운동하고, 결혼식에 가고, 가족 모임도 준비하며 일상을 채워 간다. 우리는 저축하고, 주택 융자금을 갚고, 아이의 학습 습관을 키워 주고, 친구들과 교류하고, 부모에게 효도하고, 성실하게 근검절약하는 등 마땅히 해야 하는 일을 하며 삶에 충실한다. 또한 우리는 마약, 살인, 도박, 도둑질, 알코올 중독 등 절대 하지 말아야 할 일을 지키며 살아간다. 그리고 인생 계획과 목표를 마음속에 그리며 그것을 이루기 위해 노력한다.

우리의 삶은 내비게이션을 장착한 자동차를 운전하는 것과도 같다. 화면을 손으로 가볍게 터치해 검색하기만 하면 언제라도 가고자 하는 길이 펼쳐지고, 내비게이션이 안내해 주는 대로 운전만 하면 낯선 길도 당황하지 않고 순조롭게 목적지에 도달할 수 있다. 낯선 길을 운전할 때 당황하지 않는 자신감은 주변 상황을 한눈에 파악할 수 있는 시야로부터 나온다.

이것은 도덕, 인성, 효행, 쾌락, 자아 가치에 대한 이해의 일종이다. 우리가 자신을 좋은 사람이라고 믿으며 부모님에게 효도하고, 가족에게 충실하고, 친구들에게 의리를 지키고, 자신을 돌보며 타인을 돕고 사는 것도 마땅히 해야 할 일과 절대 해서는 안 되는 일이 머릿속에서 잘 조화를 이룰 때 가능하다. 그것은 마치 내비게이션을 켜놓은 것처럼 흔들림 없이 정해진 길을 따라 목적지로 가는 것과도 같다. 그 과정에서 카드 빚을 진 시누이, 도박에 빠진 엄마, 투자에 거듭 실패하는 형이 마음을 어지럽히거나 삶을 파괴하는 일도 피할 수 있다.

'사랑이란 무엇일까?'

'효란 무엇일까?'

'의란 무엇일까?'

'사정이 어려울 때 나는 자신을 먼저 돌봐야 할까, 아니면 타인을 먼저 살펴야 할까?'

'내가 이기적인가? 내가 너무 각박하게 굴며 사는 걸까?'

돈 문제부터 해결하라

'자식 혹은 형제로서 나는 어떤 책임과 의무를 저야 할까?'

우리의 이성과 감정은 하나로 엉켜 있다. 그래서 내비게이션 시스템이 제구실을 못 하면 금세 평정을 잃고 취약해진다. 이런 취약함 혹은 나약함을 나 역시 겪어 본 적이 있다.

16년 전에 나는 "빚을 졌으면 빚진 사람이 갚으라고 해!"라며 소리를 지르고 두 주먹을 움켜쥐면서 분노를 드러냈다. 나는 시가의 인정을 받고 싶었다. 이기적이고, 옹졸하고, 편협한 여자로 보이고 싶지 않았다. 하지만 나는 8,000만 원의 카드 빚이 주는 압박감에서 벗어날 수 없었고, 그 짐을 대신 짊어져야 하는 상황이 두려워서 피하고만 싶었다. 내 안에는 시가의 인정을 받고 싶은 며느리의 마음과 가족의 빚을 대신 짊어지는 것에 대한 거부감이 공존했다.

결혼이 파생시킨 나의 권리와 의무는 더 복잡하게 얽히고설키기 시작했다. 나는 마땅히 해야 하는 것과 절대 해서는 안 되는 것이 무엇인지 혼란스러워졌다. 그래서 어디로 가야 할지, 무엇을 해야 할지 몰랐고, 나의 감정을 있는 그대로 받아들이지 못한 채 스스로 이기적이고 나쁜 여자라고 질책했다.

여러 해가 지난 후에야 나는 비로소 그 당시의 나를 이해할 수 있게 됐다. 그때 나에게 진정으로 필요했던 것은 바로 '리셋(reset)'이었다. '리셋'은 복잡한 지도에서 내비게이션을 업데이트하는 것과도 같다. 나는 모든 상황에서 나 자신을 분리해 고속도로 전체를 내려다보 듯 모든 원칙, 즉 사랑의 원칙, 의무의 원칙, 행동의 원칙을 새롭게 정 리해 볼 필요가 있었다. 나는 새로운 관계에 새롭게 자리매김하기 위 해 객관적이고 뚜렷한 시야를 확보하고 더 멀리 내다보기 위해 노력 했다.

'책임이란 무엇일까?'

'사랑이란 무엇일까?'

'쾌락이란 무엇일까?'

'나는 어떤 가치가 있을까?'

이런 질문에 대한 답은 사막에서 찾은 북극성과도 같다. 깊은 밤에 우리가 홀로 사막을 걸을 때 북극성을 올려다보면 방향을 가늠할 수 있다. 자신이 가야 할 방향을 알 수 있다는 것만으로도 힘이 나고 목 적지에 도착할 수 있다는 믿음이 확고해진다. 북극성은 모든 곳을 초 월해 내려다보며 어디에나 닿을 수 있는 길잡이 역할을 한다. 이것이 바로 '원칙의 시야'라고 할 수 있다.

나는 개괄적, 보편적 원칙을 파악하고 나서야 내가 아주버니에게 어떤 의무와 책임이 있는지 알 수 있었다. 또한 내 저축과 그의 카드 빚 사이에서 어떻게 우선순위를 정하고 융통성 있게 해결해야 하는

돈 문제부터 해결하라

지도 알게 됐다. 무엇을 해야 하고, 무엇을 하지 말아야 하는지를 알고 나자 그런 일로 당혹스러워하거나 갈등하고 두려워하는 일도 사라졌다. 원칙은 내가 균형과 심리적 안정을 되찾아 여유 있게 대응하도록 도와줬다.

지난 16년 동안 내가 귀납해 낸 북극성이자 내가 체득한 '금전적 경계선의 5가지 원칙'이 당신에게 도움이 되기를 바란다.

1. 원인과 결과의 원칙,
돕지 않는 것이 진정한 도움이다

　18년 전에 나는 대학원을 졸업할 때까지 연구 경비를 지원받고, 보조 연구원 직을 겸임하며 한 달에 200만 원 정도를 벌었다. 그 당시 나는 무모하게 미래를 낙관하며 돈을 마음 가는 대로 물 쓰듯 썼다. 방세와 식비를 해결하면 옷과 가방, 화장품 등 치장에 필요한 물건을 고민 없이 사고 저축과는 거리가 먼 생활을 했다. 졸업과 동시에 나는 주머니는 물론 머릿속도 텅텅 빈 채 교생 실습을 나갔다.

　교생 실습을 시작한 첫 달, 나의 수입은 200만 원에서 0원으로 곤두박질쳤다. 한 달 동안 나의 지갑은 텅 비어 있었고, 휴대전화는 정지됐으며 방세를 낼 돈조차 없었다. 나는 주머니를 뒤져서 남은 돈을 박박 긁어모아 말일까지 어떻게든 버텨 볼 요량으로 식빵 한 봉지, 양배추 한 통, 쌀 한 봉지를 샀다.

그렇게 첫 달을 보내고 두 번째 달이 되자 남자 친구가 요금 청구서를 찾아내 내 전화 요금을 지불했고, 또 다음 달에는 카드 요금 청구서를 낚아채 내가 쓴 카드 요금을 모두 내 줬다.

나는 돈을 함부로 쓸 줄만 알았지, 그것을 감당할 능력이 전혀 없었다. 무모하게 카드를 긁어 대고 남자 친구가 그 빚을 대신 갚아 주는 생활을 했지만, 나는 굶주리지 않았고 집주인에게 쫓겨나 거리를 떠돌 필요도 없었다. 그런 와중에 아무 생각 없이 마스크 팩을 종류별로 사기도 했다. 나는 돈이 없으면 카드로 생활하는 데 익숙해졌고, 그 책임은 늘 내가 아닌 다른 사람이 졌다. 그래서 나는 그 생활에서 쉽게 벗어나지 못했다.

돌이켜 보면 남자 친구가 나의 각종 밀린 요금과 카드 빚을 대신 갚아 준 것은 '원인과 결과의 원칙'을 깨달아야만 하는 나의 학습 과정을 파괴한 셈이었다. "뿌린 대로 거둔다"라는 말처럼 행동과 결과 사이에는 완벽한 학습 절차가 존재한다. 그 학습 절차를 중단시킨 것은 다른 사람의 시험지를 빼내서 대신 답을 쓰는 것과 같다. 이것은 부정행위다. 부정행위로 한 번의 위기는 넘길 수야 있겠지만, 다음번에도 그 방법이 통하기는 힘들다.

도와주면 잃는 것

한 사람이 마음대로 신용 카드를 긁어서 카드 빚이 쌓였을 때 엄마가 대신 그 빚을 갚아 주고 자식에게 그 고통을 피할 수 있도록 방패막이가 돼 준다면 어떻게 될까? 그 사람은 절제하거나 미래를 계획하는 법을 배울 수 없게 된다. 원인과 결과의 원칙을 가로막는 이런 행동은 결국 그 사람의 잠재력을 빼앗아 가 버린다.

만약 예전에 삼촌이 도박 빚을 졌을 때 아버지가 온갖 협박과 횡포에 맞서 끝까지 버텼다면 어떻게 됐을까? 아마도 삼촌은 빚 독촉은 물론 폭력에까지 시달려야 했을 것이다. 하지만 그런 과정을 거치며 자신의 행동에 책임지는 법을 조금씩 체득해 나갔을지 모른다. 그렇다면 도와주지 않는 것이 진정으로 도와주는 길이 아닐까?

물론 돌이켜 보면 현실은 내 마음과 같지 않았다. 만약 아버지가 삼촌의 빚을 모른 체했다면 그는 어떤 반응을 보였을까? 처지를 바꿔서 나라면 과연 동생의 어려운 처지를 외면하고 돕지 않을 수 있었을까? 매일 찾아와서 생떼를 부리며 욕을 퍼붓던 삼촌을 떠올릴 때면 아버지의 처지가 이해되기도 했다. 내가 아버지라면 삼촌의 반격을 감당할 수 있었을지 생각했을 때 솔직히 자신이 없다. 그렇게 감정적인 사람을 상대해야 한다면 나 역시 감정싸움에서 벗어나기 위해 차라리 얼른 돈을 주고 일을 마무리하고 싶었을 것이다.

돈 문제부터 해결하라

지난 몇 년의 세월 동안 다양한 사례를 접하면서 나는 한 가지 깨달은 바가 있다. 아버지는 자신과 우리를 위해서라도 삼촌의 요구를 들어주지 말아야 했다는 것이다.

어떤 문제든 스스로 책임질 기회를 줘야 한다

똑같은 상황일지라도 사람에 따라 반응이 달라진다. 어떤 사람은 분노를 터트리는 사람을 상대할 때 두려움에 떨며 마음이 약해진다. 반면에 어떤 사람은 냉정함을 유지하며 이성적으로 상황을 판단하고 한 발자국 떨어져서 상황을 주시한다.

한 발자국 떨어져서 상황을 보면 거리를 두고 객관적으로 판단하는 데 도움이 된다. 심리적으로 상대의 감정을 그 자신에게 남겨 둬서 나에게까지 미치지 않도록 하는 셈이다. 그가 화를 내며 나까지 화나게 만드는 것은 단지 심리적 반응일 뿐이므로 그것이 물리적으로 나를 해치지는 않는다. 우리는 텔레비전 화면을 통해서 드라마를

돈 문제부터 해결하라

보는 것처럼 통제력을 잃은 사람의 감정 기복과 분노에 영향을 받지 않고, 그 기분이 자신에게 국한되도록 만들어야 한다.

모든 사람의 마음 깊은 곳에는 투사가 한 명씩 살고 있다. 그 투사는 용맹하고 이성적이며 명확한 목표를 갖고 있다. 우리는 반드시 그를 불러내고, 그가 역량을 충분히 모아서 반격에 나설 수 있다고 믿어야 한다. 만약 삼촌이 나를 향해 물건을 마구 던지고 험한 말을 쏟아부었다면 지금의 나는 마지노선을 정한 후 침착하고 냉정하게 말했을 것 같다.

"나한테 더는 큰소리치며 함부로 말하지 마세요. 계속 이런 식이면 더는 삼촌과 아무 말도 할 수 없어요. 나는 지금 나가 봐야 하니까 따라오지 마세요."

나는 일단 현장을 벗어나 그에게 혼자만의 시간을 주고, 며칠 후 전화를 걸어 이렇게 말할 것이다.

"삼촌이 화가 난 것도 알고, 지금 힘든 상황이라는 것도 잘 알아요. 하지만 나 역시 내 생활과 원칙이 있어요. 돈 말고 내가 도울 수 있는 걸 말해 보세요."

이것이야말로 나의 한계선을 지키며 화가 난 삼촌이 자신의 감정을 절제할 수 있는 법을 배우도록 돕는 과정이라고 본다. 어쩌면 이것은 그가 평생 배워 보지 못한 것일지도 모른다. 만약 그가 나와 연을 끊고 다시 연락하지 않는다고 해도 나는 이를 악물고 내 원칙을 고수하며 타협하지 않을 것이다. 상황이 아무리 어렵다 해도 나는 나 자신을 위해 최선을 다해야 하기 때문이다.

이는 흡사 치과 의사가 치아에 구멍을 뚫는 것과도 같다. 구멍을 뚫는 과정은 우리에게 한순간 고통을 안긴다. 마찬가지로 삼촌은 아플 수는 있지만 그렇다고 다치는 것이 아니다. 반면에 사탕을 먹으면 한순간 기분이 좋아지겠지만, 충치가 생기는 등 고통이 따를 수 있다. 나는 썩어 가는 고통을 외면하지 않고, 스스로 만든 상처를 직시한 후 결승점을 내다보며 나 자신을 위해 용기를 북돋워야 한다.

나는 삼촌의 노름빚을 대신 갚아 주지 않으면 그가 수심에 가득 찬 얼굴로 탄식하며 지낼 거라는 사실을 안다. 그는 집에 숨어서 전화도 받지 않고 심지어 자살을 입에 달고 살며 주변 사람들을 힘들게 할 위인이었다. 이럴 때일수록 절대 마음이 약해져서는 안 된다. 나는 그의 폭행을 더는 용납해서는 안 되며, 나의 행복은 물론 가족의 행복을 뒤로 한 채 모험을 해서도 안 된다. 우리는 결정적인 순간에 더는 뒤로 숨지 말고 문제를 직시하고 용감하게 전장으로 뛰어들어 정면으로 승부수를 띄워야 한다.

나는 아버지가 삼촌의 빚을 대신 갚아 주지 않았다면 어땠을지 생각해 볼 때가 있다. 하지만 마음이 약하고 가족애가 깊은 아버지는 아마도 이렇게 말하며 결국 삼촌의 부탁을 들어줬을 것이다.

"내가 돈을 갚아 주는 것 말고 널 위해 뭘 해 줄 수 있겠니. 더구나 네가 무슨 수로 그렇게 많은 돈을 갚을 수 있겠어."

아버지는 애정 어린 표정으로 삼촌의 어깨를 다독이며 빚을 떠안는 것도 모자라 쌀 몇 포대와 먹거리, 생필품까지 사다 줬다. 이것은 '원인과 결과의 원칙'에 부합하지 않고, 고통을 통해 상처를 직시하고 치유하는 올바른 방법이라고 할 수 없다. 이것이 진정 도움이 되는 사랑이라고 할 수 있을까?

나는 사과를 떨어뜨려 손만 뻗으면 주울 수 있게 해 주는 식으로 상대방을 돕는 방법은 그를 더 약하게 만들 뿐이라고 믿는다. 결국 끔찍한 결과만 초래할 뿐이다. 내가 진 카드 빚은 내가 상환해야 하고, 삼촌이 진 도박 빚은 삼촌이 직접 갚아야 한다. 우리는 각자 자신이 쓴 돈을 스스로 책임을 져야 한다.

사람은 누구나 변화를 위한 잠재력과 능력을 갖추고 있다. 정말 변하고 싶다면 얼마든지 스스로 바뀔 수 있다. 우리는 직업을 바꿀 수 있고 생각과 행동을 바꿀 수도 있다. 변해야 한다는 것만 알고 결심하면 엄청난 능력을 발휘해 습관을 바꿀 수 있는 잠재력도 갖고 있다. 그러므로 그것을 차단하거나 중단하지 말고 원인과 결과의 원칙을 발효해 스스로 역할을 행할 수 있도록 해야 한다.

각자 책임질 것들이 있다

자신을 통제하지 못해 과소비를 하거나 고위험 투자를 멈추지 못하면 누구나 재정 위기를 맞닥뜨리게 된다. 이런 사람이 당신에게 도움을 요청한다면, 그 순간 당신은 잔디를 지키기 위해 울타리에 쇠침을 박아야 한다. '접근 금지!', '맹견 주의!' 표지판을 세워 당신의 땅이라는 사실을 확실히 드러내야 한다.

울타리를 보강해야 할 사람이 부모라면 자식에게 최후통첩을 할 수 있다.

"자꾸 사표를 내고 빈둥거리며 살 거면 더는 너한테 한 푼도 줄 수 없다. 앞으로 네 건강 보험료, 연금, 자동차세도 대신 내 줄 수 없으니 네가 알아서 내. 이제 더는 우리에게 손 벌리지 말고 알아서 살아."

자식이라면 부모에게 이렇게 말해보자.

"자꾸 주식 투자 한다고 대출받을 거면 다시는 제 얼굴 볼 생각 마

돈 문제부터 해결하라

세요."

이런 말은 당신이 잔디 울타리 위에 쇠침을 박는 것과 같다. 당신은 자신을 지키기 위한 이런 원칙이 진심이라는 것을 사람들에게 알려야 한다. 만약 경계선을 침범하려는 사람이 있다면 당신은 곧 쇠침에 다리를 찔린 자의 눈물 섞인 비명을 듣게 될 것이다. 제일 먼저 무장봉기를 일으키는 사람은 반드시 그 대가를 치르게 돼 있다.

우리가 인생을 살면서 확실히 변해야 할 때는 술을 끊고, 살을 빼고, 이혼을 할 때처럼 고통을 견뎌 내는 시간이 필요하다. 아버지는 욕설을 내뱉고, 어머니는 집을 나가고, 여동생은 전화로 불만을 터트리고, 외삼촌은 당신의 차를 긁고, 남동생은 페이스북에 욕설을 남길지도 모른다. 이런 학대와 갈취의 관계를 끊어 내려면 우리는 마음을 단단히 먹고 용기를 내야 비로소 뒤로 숨지 않고 현실과 타협하지 않으며 목표 지점을 향해 나아갈 수 있다.

이런 결정적인 순간을 위해 우리는 지원군을 찾아야 한다. 이것은 상당히 힘든 일 중 하나지만 우리를 지원해 줄 원군이 있어야 방어선을 무너뜨리지 않고 전진할 수 있다. 친구, 가족, 지인 등이 모두 우리의 지원군이 될 수 있다. 이들은 최후통첩의 상황을 함께 연습하고 격려하고 상처를 치료하는 일련의 과정에서 우리에게 용기를 북돋워

준다.

때로는 온전히 물러설 수 없는 상황을 더 악화시키고 연이어 시끄러운 싸움에 휩싸일 수도 있다. 그래도 나 자신을 지켜야 한다. 그러므로 과감히 나서서 경계선을 분명히 그어야 한다. 무모하게 위험을 감수하며 자식과 배우자까지 우리의 모험에 데리고 들어가서도 안된다. 우리는 자신의 잔디를 책임지고 지켜야 하며 절대 물러서서는 안 된다.

돈 문제부터 해결하라

2. 원칙 드러내기, 거절하는 용기

여러 해 전에 일본 NHK에서 방영한 다큐멘터리를 본 적이 있다. 이 방송에서는 일본의 슈크림 빵 전문점 '비어드파파'의 창업주이자 국내외에 350여 개의 가맹점을 둔 기업가인 유지 히로타의 성공 신화를 담아냈다.

다큐멘터리가 시작되자 히로타가 돌아서며 카메라를 정면으로 응시했다. 머리를 말끔하게 뒤로 빗어 넘겨 드러난 이마와 두드러진 광대뼈, 차분하면서 깊이 있는 눈매와 굳게 다문 입꼬리 처진 입술이 마치 루마니아에서 온 피아니스트를 보는 듯했다. 히로타는 기자를 향해 예의를 갖추며 또렷한 말투로 자기 생각을 말했다.

"처음 함께 살기 시작할 때부터 며느리에게 분명히 말해 달라고 부탁했습니다. 우리가 한집 식구가 됐으니 그 아이가 내게 직접 무엇을 싫어하는지 말해 줘야 한다고 생각했으니까요."

"며느님이 뭘 싫어하는지 직접 말했나요?"

기자가 물었다. 그가 뒷짐을 쥐고 있었는데, 나는 이 기업가가 온통 하얀색의 캐주얼한 옷을 입고 천으로 된 신발 역시 하얀색이라 놀랐다.

"그럼요. 며느리는 낯선 사람과 다르지 않습니다. 그 아이가 나와 함께 살게 되면 무엇을 좋아하는지보다 무엇을 싫어하는지를 아는 게 더 중요하죠. 자신이 좋아하지 않는 일을 분명히 말해야 우리가 잘 지낼 수 있으니까요."

그가 웃었고, 그 미소에는 인성에 대한 통찰과 이해가 담겨 있었다. 그 말이 내게 깊은 인상을 남겼다. 이것은 경계선을 아는 노인이 세상 사람들에게 들려주는 금과옥조와도 같은 말이었다. 다시 말해서 우리는 경계선을 드러내 타인이 그 선을 정확히 볼 수 있도록 만들어야 한다. 나는 이 점을 간과했기에 지난 시간 동안 힘든 고통 속에 보내야 했다.

돈 문제부터 해결하라

솔직하게 말할 용기

16년 전에 나는 다른 사람의 빚을 갚아야 한다는 사실이 무조건 싫고 불편했다. 하지만 나는 그런 감정을 숨긴 채 감히 드러내지 못했다. 나쁜 사람이 될까 봐 두려웠고 '나쁜 며느리'로 낙인찍힐까 봐 겁났기 때문이다. 나는 시아버지의 눈 밖에 나서 시가에 인정받지 못할까 봐 무서웠고 시아버지의 미움을 사서 나중에 상속권을 잃게 될까 봐 더 두려웠다. 나는 그런 대가를 감당할 용기도 없고 감당하고 싶지도 않았다. 그래서 나는 뒤틀린 마음을 숨긴 채 원망도 반박도 못하고 그저 얼굴만 구기고 있었다.

나는 이런 생각으로 그 상황을 모면하려 들었다.

'안 돼. 이 빚은 내가 갚을 수 있어. 난 괜찮아. 아니 괜찮을 거야. 이래야 식구들과 잘 지낼 수 있어.'

그런데 이렇게 생각할수록 내 마음속 깊은 곳에서 분노가 더 들끓어 올랐다. 매달 빚을 갚아 나가야 하는데 어떻게 아무렇지도 않을 수 있겠는가? 그런데도 나는 참는 것밖에 달리 할 수 있는 일이 없었다. 내 마음속 깊은 곳에서 이런저런 원망이 들끓고 수많은 질문이 머릿속을 휘저었다.

'또 이런 일이 생기면? 또 다른 사람이 사고를 칠지 모르잖아? 그때도 내가 빌려줘야 해?'

나는 시가에 가는 것이 싫어졌고, 한 해의 마지막 날에 있었던 가족 모임에도 가지 않았다. 나는 시어머니의 전화를 받지 않았고 남편이 사 온 물건에 괜히 트집을 잡았다. 이런 식으로 내가 불만을 억누르며 사는 동안 주변 사람들과의 관계도 나빠졌다. 그때 나는 가면을 쓰고 살 수밖에 없었다. 그 가면이 나를 안전하게 지켜 준다고 느꼈다. 나는 한 집안의 며느리고 안전 제일주의로 대응할 수밖에 없었다. 하지만 그렇게 몇 년의 세월을 보내고 난 지금, 그때를 되돌아보니 다른 선택을 했다면 더 좋았을 것 같기도 하다.

나는 솔직하게 자신의 마음을 말하는 것이 얼마나 위험한지 잘 안다. 그렇지만 솔직한 말은 사람을 자유롭게 하고, 그런 자유를 얻을 수 있다면 위험도 무릅쓸 가치가 충분하다. 그때로 돌아간다면 지금의 나는 시아버지에게 "우리는 아직 집도 없고, 저축해 놓은 돈도 없고, 아이도 낳아야 하니 지금부터라도 미래를 위해 계획을 세우고 돈을 모아야 합니다"라고 솔직하게 말하고 싶다. 나는 다른 사람의 입을 통해서가 아니라 직접 나의 경제 상황을 단호하게 알리고 저축이 필요하다는 나의 경제적 문제점을 솔직하게 인정하고 '오늘부터 시가의 주택 대출금을 더는 대신 갚지 않는다'며 앞으로의 해결 방법을

돈 문제부터 해결하라

선전 포고하고 싶다.

물론 그와 동시에 시부모님이 바라는 바를 다른 식으로 도울 수 있도록 가능성을 열어 둘 것이다. 그러기 위해서 두 사람이 무엇을 원하고 내가 무엇을 도울 수 있는지 알 필요가 있다. 아마도 채무를 정리하는 방법을 다시 함께 고민해 보거나 더 낮은 대출 이자를 찾도록 돕는다거나 아니면 보증을 서는 등의 방식이 되지 않을까 싶다.

그때로 돌아가면 나는 두려움과 불안감 앞에 물러서지 않고 아닌 것에 대해 '아니다'라고 용감하게 대답할 것이다. 내가 못 한다고 말하면 시아버지는 당연히 나를 쫓아내고 인연을 끊자고 소리치며 나를 벼랑 끝으로 몰고 갈 것이다. 일가 친지들 사이에서도 나는 나쁜 며느리로 낙인찍히고 상속권을 잃는 등의 특권을 잃게 될지 모른다. 그렇게 된다 해도 나는 내가 원하는 그런 사람이 되기 위해서 절대 포기하고 싶지 않다. 나는 시가의 눈치를 보며 그들이 하자는 대로 순종하는 삶이 아니라 용감하게 마음과 행동이 일치하는 사람으로 살기를 원한다.

나는 나를 지지해 줄 사람을 더 많이 찾아서 그들과 함께 관계를 유지하며 살고 싶다. 나는 더 열심히 돈을 벌고 새로운 친구를 사귀며 손실을 메우기 위해 최선을 다하고 싶다. 나는 진실을 알린 다음 내 자산을 늘리는 데 충실하고, 관계의 연결고리를 더 단단히 만들고, 신뢰를 얻고 싶다. 만약 그때로 다시 돌아가면 나는 포기하지 않을 것이다.

나는 지금에서야 내가 싫어하는 바를 용감하게 말하는 것이 위험을 감수할 만한 가치가 충분하다는 것을 깨달았다.

따뜻하게
거절하라

경계선을 드러내기로 결정했다면 두 가지 사항을 주의해야 한다.

첫 번째, 삼각관계에 빠지면 안 된다.

삼각관계란, 간접적으로 말을 전달하는 것이다. 예를 들어 며느리와 시어머니 사이에 말다툼이 일어났을 때 시어머니는 자신이 아주 억울하다고 생각하면서도 며느리에게 직접 솔직한 심정을 드러내지 못한다. 그래서 그녀는 자신의 딸에게 전화를 걸어 며느리에 대한 불만을 털어놓고 심지어 며느리가 사과할 수 있도록 딸에게 중간에서 말을 잘 전해 달라고 부탁하기도 한다. 이런 삼각관계는 관계를 더 악화시킬 뿐이다.

만약 경계선을 드러내기로 결정했다면 이것만은 명심하자. 당신은 심호흡을 하고 마음을 가다듬은 후 당사자와 직접 말해야 한다. 시아버지가 융자금을 대신 갚아 주기를 원한다면 당신은 시아버지와 직접 만나 당신의 금전적 경계선을 밝혀야 한다. 만약 가족 중 누군가가 여동생의 카드 빚을 당신에게 대신 갚아 달라고 하면 당신은 동생을 직접 만나 분명히 자신의 생각을 말해야 한다.

어떤 결과가 발생하든 당신은 반격에 대응할 행동 능력을 충분히 갖춰야 한다. 당신의 시어머니는 아이를 돌봐 주는 일을 그만둘 테니 다른 사람을 찾아보라고 엄포를 놓고, 당신의 아버지는 왕래를 끊겠다고 소리칠 수 있다. 이런 갈등이 닥치기 전까지 당신은 매주 본가에 가서 가족과 식사를 함께했지만, 앞으로는 새로운 생활 방식과 관계를 만들어야 할지 모른다. 이처럼 당신은 최악의 상황에 맞춰 마음의 준비를 해 둘 필요가 있다. 우리는 현실을 직시하고 책임을 지고 믿을 만한 사람들과 시나리오를 짜고 연습을 거듭한 후 행동에 옮겨야 한다.

다만 상대방이 당신의 경계선에 문제점을 지적하며 부인할 때 혹은 당신 혼자 처리할 방도가 도저히 없다고 판단되면 다른 사람을 찾아가 상의해야 한다. 이때 다른 사람은 당신의 친한 친구나 지인 혹은 당신과 처지가 비슷한 사람이어서는 절대 안 된다. 자문단은 당신보다 앞서가는 사람, 의사소통 기술이 뛰어난 사람, 이 방면의 문제를 원숙하게 처리할 수 있는 사람이어야 한다. 이들이 상담사 혹은 다른 전문가들이어야 비로소 당신에게 도움을 줄 수 있다. 당신과 동병상련인 사람은 그저 당신과 함께 화만 낼 수 있을 뿐이다.

두 번째, "내가 널 위해 무엇을 해 줄 수 있을까?"라는 질문을 잊지 말아야 한다.

경계선을 드러낼 때 마지막에 '내가 널 위해 뭘 더 해 줄 수 있을까?'라는 말을 꼭 덧붙여야 한다는 사실을 명심해야 한다. 그들은 우리의 일부분이자 아끼고 사랑하는 사람들이기 때문이다. 앞서 비유한 잔디를 떠올려 보자.

한동네에 사는 친한 친구와 나 사이에는 울타리만 있을 뿐 벽이 없다. 우리는 언제든 상대방의 안부를 살피고 관심과 배려를 베풀 수 있다. 이웃의 잔디가 시들었다면 우리가 밟고 들어가서도 안 되고 그를 대신해 물을 뿌려 줄 수도 없다. 하지만 그의 문에 알림 쪽지를 붙여 둘 수 있지는 않을까? 어쩌면 명함 한 장을 추가해 스프링클러 설치 업체의 전화번호를 알려 줄 수도 있겠다.

내 말뜻은 당신이 다른 사람에게 금전적 경계선을 드러낸다 해도 여전히 상대방에게 관심을 주고 그에게 도움이 될 무언가를 할 수 있다는 것이다.

다시 한번 강조하자면 당신이 경계선을 드러낼 때는 삼각관계에 빠지지 말아야 하고, 그들에게 늘 관심을 두고 있다는 사실을 일깨워야 한다. 이것은 절대 쉽지 않은 일이므로 한 번에 되지 않는다고 해서 절대 포기하면 안 된다. 변화에도 타이밍이 필요한 법이다. 내가 할 수 있는 것을 하고 느긋하게 기다리면서 끊임없이 변화를 시도해야 한다.

돈 문제부터 해결하라

3. '왜'의 원칙,
돈을 빌려주는 사람도 동기가 있다

내 가정사를 듣고 나면 누군가는 내 부모님이 지갑을 너무 쉽게 연다고 생각할지도 모른다. 앞에서도 말했듯이 아버지는 삼촌의 도박 빚을 무려 20여 년 동안 갚았다. 어머니도 그 뒤를 이어 삼촌의 빚을 갚았고, 심지어 삼촌의 가정까지 살뜰히 챙기며 두 아이가 22살이 될 때까지 학비를 책임졌다.

이런 희생과 보살핌은 무려 30년 동안 계속됐다. 어머니는 그 긴 세월 동안 삼촌이라면 치를 떨며 원망과 억울한 감정을 삭였지만, 그럼에도 삼촌의 문제를 해결하기 위해 두말하지 않고 돈을 줬다. 나는 그런 상황이 도저히 이해되지 않아 화도 났고, 어머니의 고통스러운 삶이 안타까워 마음이 아팠다.

다른 사람이 내리는 평가 때문에

작년에 어머니는 누군가에게 500만 원을 빌려줬다. 그 과정 역시 상식적으로 이해가 안 되기는 마찬가지였다. 어머니 말로는 30년을 알고 지낸 친구가 어느 날 갑자기 가게로 찾아와서 다급하게 돈을 빌려 달라고 했다는 것이다. 어머니는 이제 화낼 기력도 없는지 누구를 탓하겠느냐며 푸념만 쏟아 냈다.

"다짜고짜 급히 쓸데가 있다면서 돈을 빌려 달라지 뭐니. 정말 급하다고 사정하는데 전후 사정 따질 겨를도 없었어."
"고작 몇 마디 사정 좀 했다고 돈을 빌려줘? 돌려받기는 했어?"

나는 말문이 막힐 지경이었다. 어머니가 허탈하게 웃으며 어렵게 말을 꺼냈다.

"떠났어…. 하늘도 참… 몇 년 전에 암에 걸렸으니 그동안 치료비가 꽤 많이 들었겠지. 지난달에 장례식에 다녀왔다."
"그럼 빌려준 돈은…."
"날아갔지. 사람이 그렇게 황망히 가 버리고, 차용증도 쓰지 않은

돈 문제부터 해결하라

판에 누가 돈을 갚겠어? 할머니가 절에 시주하신다고 해서 마련해 둔 돈이었는데 어쩌겠니. 결국 계를 들어 급한 불을 껐지."

어머니는 몹시 지친 표정으로 어깨를 으쓱해 보였다. 나는 휘둥그레 뜬 눈으로 엄마를 바라봤다. 두 사람의 시선이 허공에 부딪힌 채 한동안 움직일 줄을 몰랐다. 어머니의 표정이 무겁게 가라앉으며 눈썹이 일그러지고 입가가 시무룩해졌다. 나는 어머니에게 도대체 왜 돈을 빌려줬냐고 물었다.

어머니는 의리도 없는 매정한 친구로 낙인찍힐까 봐 겁났다고 했다. 친구가 암 때문에 치료를 받아야 하는 상황에 간병비부터 약값까지 모두 감당하려면 급하게 돈이 필요할 수밖에 없었다.

'그런 친구에게 돈을 빌려주지 않는다면 다른 사람들이 나를 어떻게 생각할까?'
'그렇게 계산적으로 살면 다른 친구들이 뭐라고 말할까?'
'몇십 년 된 친구 관계가 이런 식으로 무너지는 것은 아닐까?'
'혹시 이 일이 소문나면 친구들 사이에서 나만 나쁜 사람이 되는 건 아닐까?'
'암에 걸린 친구가 치료받으며 투병 생활을 하려면 정말 급하게 돈이 필요하지 않을까?'

'만약 이런 상황에서 나만 생각하면 너무 이기적이고 의리가 없는 게 아닐까?'

어머니는 자신이 돈을 빌려줄 수밖에 없던 이유를 의외로 담담하게 들려줬다. 그러자 처음 느꼈던 분노는 어느 정도 사라졌지만, 그 사이 어머니가 겪었을 마음속 갈등이 고스란히 느껴졌다. 나는 마음을 가라앉히고 머릿속으로 어머니가 돈을 빌려준 이유를 정리했다.

'친구 사이에 의리가 없어 보일까 봐.'
'계산적으로 보일까 봐.'
'행여 소문이라도 퍼져 뒷말이 생길까 봐.'

어머니가 돈을 빌려준 행위는 '사랑'이 아니라 '사랑을 잃게 될까 봐 두려운 마음' 때문이었다. 어머니는 다른 사람들이 의리가 없다고 말할까 봐 두려웠고, 자신이 이기적인 인간으로 낙인찍힐까 봐 두려웠다. 한마디로 다른 사람이 자신에 대해 어떻게 생각하고 말할지에 대한 두려움이 앞선 셈이다. 어머니의 내면에 가득 찬 감정은 대부분 외면, 고립, 왕따에 대한 두려움이었다.

곰곰이 생각해 보니 다른 사람에게 돈을 빌려주고, 가족과 친구, 지인들을 도우며 뒷일까지 도맡아 처리하는 사람들의 내면에는 모두 비슷한 갈등이 있다는 것을 알 수 있었다. '왜?'라는 질문을 던지면 돌아오는 그들의 대답에는 늘 각양각색의 두려움이 둘러싸고 있었다.

돈 문제 앞에서 약해지는
내 마음부터 알아차려라

사랑을 잃을지 모른다는 두려움

'내가 아버지를 도와서 주택 융자금을 갚지 않으면 가족에게 외면 당할지도 몰라. 한 분밖에 없는 아버지인데 그러다 난 혼자가 되고 말 거야.'

미움받을지 모른다는 두려움

'장인 장모님의 여행 비용을 다른 형제들과 분담하지 않았다가 미움받으면 어떡하지? 장모님이 나를 냉대하는 눈빛을 감당할 자신이 없어.'

외톨이가 될지 모른다는 두려움

'사위에게 전세 자금을 대주면 능력 있는 장모라고 무시하지 못할 거야. 내가 돈이 많은 사람이라고 생각하면 딸과 처가에 자주 오지 않을까?'

나쁜 사람으로 낙인찍힐지 모른다는 두려움

'내가 여동생을 돕지 않으면 이기적인 게 아닐까? 내 가정만 지키면 그만일까? 내가 이렇게까지 형편없는 사람이었나?'

죄책감에 대한 두려움

'평생 모아 둔 돈도 없어서 아이에게 남겨 줄 게 하나도 없을 텐데, 이 카드 빚이라도 갚아 줘야 하는 게 아닐까? 이 정도도 도와주지 않으면 내가 아버지라고 할 수 있겠어?'

나 역시 이런 기분을 온전히 이해할 수 있다. 나도 가족과 친구들에게 외면당하고, 의지할 사람 없이 혼자 외롭게 살게 될까 봐 두려운 마음을 갖고 있다. 그렇다면 나도 결국 다른 사람에게 미움받고 외면당할까 봐 무서운 마음이 앞설 때 어머니처럼 마음이 흔들리고 불안해질 수 있는 존재였다. 내가 어머니의 입장이었어도 원칙을 어기고 한계선을 무너트릴 가능성이 얼마든지 있었다. 그 상황에서 나도 상대방과 사이가 나빠질까 봐 거절을 주저할지 모른다. 하지만 아무리 '어쩌면'이라는 가정에 발목이 잡혀 주저한들 그 모든 두려움이 사라지고 문제가 완전히 해결되는 것은 아니다.

자신의 진심을 거스르고 미움과 원망에 가득 찬 돈을 빌려주고 도움을 주는 행위는 '마음의 집'에 경고 시스템이 작동하고 붉은빛이 번쩍이며 사이렌 소리가 요란하게 울리게 만드는 것과 같다. 그럼 우리는 혼란스럽고 의기소침해지며 극심한 스트레스에 휩싸이게 된다.

'준다'는 것은 희생이나 포기가 아니라 넘쳐나고 남아돌기 때문에 나오는 행위다. 나는 한번 어머니의 입장이 되어 생각해 봤다. 어머니는 시어머니의 몫으로 남겨 둔 돈을 빌려주기에 앞서 시간을 갖고 자신의 내면을 들여다보려고 노력해야 했다. 자신의 목소리에 귀 기울이고 자신이 주저하고 갈등한다는 사실을 깨달았다면 심호흡을 하고 진짜 감정에 주목할 필요가 있다.

이런 시간을 가진 후 다시 친구에게는 도저히 빌려줄 수 없다고 분명히 견해를 밝혀야 한다. 이때 친구의 입장을 좀 더 상세하게 들어 보고 자신의 상황에 크게 영향을 미치지 않는 범위 내에서 빌려줄 여윳돈이 있는지 고려해 볼 수 있다. 만약 이 과정을 거쳤다면 나는 내가 쓰고 남은 여윳돈을 빌려주는 셈이니 미움이나 원망의 마음을 품은 채 빌려줄 필요가 없다. 이것이야말로 즐겁고 균형 잡힌 지출이라고 할 수 있다.

제일 먼저 들여다봐야 할 건 내 마음이다

모든 사람의 내면에는 작은 숲이 하나씩 있다. 그 숲속에 많은 것
이 가려져서 자신도 그 존재를 제대로 볼 수 없다. 당신이 돈을 빌려
줄 때 '왜?'라는 질문을 연속으로 던져서 숲속에 가려진 당신의 동기
를 똑똑히 들여다봐야 한다. 예시는 다음과 같다.

질문: 나는 왜 500만 원을 빌려주고 싶은 걸까?
대답: 나는 친구를 돕고 싶다.

질문: 나는 왜 친구를 돕고 싶을까?
대답: 이 친구를 알고 지낸 지 오래됐고 친분이 깊기 때문이다.

질문: 나는 왜 친분이 깊은 친구를 돕고 싶은 걸까?
대답: 오래 알고 지낸 친한 사이이다 보니 도와주지 않으면 나를 미
　　　워하게 될까 봐….

질문: 왜 그 친구가 나를 미워할까 봐 걱정하는가?
대답: 친구가 나를 미워하면 마음이 괴로울 것 같아서….

질문: 친구가 나를 미워하는데 왜 마음이 괴로워질까?

대답: 왜냐하면… 나는 그 친구가 필요해서다. 그녀는 내 말을 들어 주는 몇 안 되는 친구였기 때문이다.

스스로 꼬리에 꼬리를 물며 질문하다 보면 당신의 내면에 도대체 어떤 의도가 숨어 있는지 찾아내는 데 분명히 도움이 된다. 당신은 자기 생각을 온전히 수용하고, 마음을 이완한 후 그 마음에 따라 말할 수 있어야 한다. 당신이 마음을 충분히 이완하고 '왜'라는 질문에 연이어 대답하다 보면 내면에 숨어 있던 진짜 원인이 수면 위로 드러날 것이다.

어머니는 혼자가 되는 것과 남들의 입방아에 오르내리는 것을 두려워했고, 나는 남부끄러워지는 것과 다른 사람이 나를 미워하는 것을 두려워한 것 같다. 당신이 그에게 정말 관심이 있고 신경이 쓰인다면 자신의 내면을 더욱너 정확히 들여다봐야 한다. 그래야 비로소 예리하게 진심을 깨닫고 현재의 능력에 맞춰 대답할 수 있다. 당신의 내면은 진정으로 안전한 느낌을 받을 것이다.

4. 책임의 원칙,
자기 자신이 1순위다

3년 전에 상하이에서 S를 만났다. S는 결혼 전에 아버지가 그녀 명의로 갑자기 대출을 받아 집을 사는 바람에 내내 그 돈을 갚아야 했다. 집만 그녀의 명의였을 뿐 위치, 평형, 주거 환경은 모두 다른 사람의 입맛에 맞춰졌고, 부모님은 물론 남동생과 약혼녀까지 들어가 살고 있어서 나중에 부모님이 돌아가신다고 해도 인정상 나가 살라고 하기가 애매한 상황이었다.

S는 '가족'이라는 이름으로 넘겨받는 책임을 외면하기가 쉽지 않다고 말했다. 만약 자신이 모른 체했다면 가족을 챙길 줄 모르고 도리도 모르는 인정머리 없는 자식으로 비칠 수 있었기 때문이다. 결국

그녀는 엄청난 스트레스를 고스란히 떠안으며 가족을 위해 희생을 감내했다.

S는 작년에 임신을 했는데 남편이 구조 조정에서 살아남지 못하고 실업자가 됐다. S는 책임감 있는 딸이었지만, 홀로 힘들어하는 남편을 보고 있노라니 양심의 가책을 느꼈다. 결국 그녀는 부모님에게 당분간 대출금을 낼 형편이 안 되니 동생들이 좀 도와주면 좋겠다고 말을 꺼냈다. 그녀가 이 말을 꺼내자마자 집안이 발칵 뒤집혔다. 아버지는 의자에서 벌떡 일어나 분노에 찬 목소리로 노발대발 소리쳤다.

"널 지금까지 어떻게 키웠는데 우리한테 이 정도도 못 해 주겠다는 거니? 못 갚아? 지금 그걸 말이라고 하는 거야? 지난달에 일본에 놀러 간 돈은 어디서 났는데? 혼자 여행 가서 놀 돈은 있고 대출금 갚을 돈은 없다고 말하는 거니? 어쩜 이렇게 무책임할 수가 있어? 더구나 이 집은 네 명의잖아! 어차피 나중에 네 집이 될 테니 은행에 저축한다 생각하고 대출금을 갚아 나가면 되는 거 아니니?"

S는 도망치듯 그 집에서 뛰쳐나왔다. 그녀는 훌쩍이며 억울한 심정을 드러냈다. 그녀는 답답한 마음도 달랠 겸 자기 돈으로 일본에 여행을 간 것이 무슨 큰 잘못이냐고 하소연했다. S는 돈을 많이 번다는 이유로 다른 가족의 생활까지 책임져야 하는 거냐며 울분을 토했다.

돈 문제부터 해결하라

그런데 한편으로는 자신의 이런 생각이 너무 이기적인 것은 아닌지 의심이 든다고 했다. 그 말을 듣고 난 후 나는 당신의 잘못이 아니라며 S를 다독여 줬다.

책임감의 진짜 의미

책임감이란 무엇일까? 책임은 하천 양옆에 쌓인 제방이 물의 흐름을 유도하고 밭에 물을 대 작물을 키우는 것과도 같다. 그것은 행동과 욕망의 경계선이며 우리가 당연히 해야 할 일을 하고 감당해야 할 임무를 짊어지고 마땅히 완수해야 할 사명을 달성하도록 이끌어 준다. 책임은 바로 지시다.

그동안 부모가 자식에게 가르친 책임의 내용은 대부분 열심히 일하고, 스스로 벌어서 먹고살고, 부모를 봉양하고, 안정된 결혼 생활을 유지하고, 한두 명의 아이를 낳아 키우는 것 등이었다. 부모는 하천 양옆에 쌓아 올린 제방처럼 호통, 명령, 위협 등 다양한 방식과 태도로 우리의 에너지를 그들이 원하는 밭으로 흘러가게 하고, 그곳에 물을 대서 울창한 숲을 이루도록 만들고 싶어 한다.

지난 여러 해 동안 나는 궁금했다. 책임은 모든 사람의 머리 위에 편액처럼 걸려 있는데 왜 여기에 문제를 제기하는 사람이 단 한 명도 없을까?

① 책임지려는 목적이 무엇인가?

② 책임진 대상에는 누가 포함되는가?

③ 책임지는 순서는 무엇인가?

이 세 가지 질문 앞에서 나는 긴 침묵에 빠져들었다.

첫 번째, 책임의 목적은 무엇인가?

책임의 목적은 본인이 목표를 갖고 더 즐겁게 잘사는 데 있다. 예를 들어 나는 재테크를 제대로 해 보고 싶어서 가계부를 쓰기로 했다. 그 후 매일 지출액을 기록하고 영수증을 모으는 일에 책임이 생겼다. 그 책임은 내게 힘이 됐다. 나는 스스로 용기를 북돋우며 목표 달성을 위해 규칙적으로 시간과 열정을 투자해 앞으로 나아갔다. 그렇게 나는 가계부에 꾸준히 수입과 지출을 기록하는 책임을 다한 끝에 저축하면서 더 나은 삶을 얻을 수 있었다. 이것이 책임의 목적이다. 책임은 스스로 행복해져야 한다.

그렇다면 두 번째, 책임의 대상에는 누가 포함될까?

우리가 첫 번째로 짊어져야 하는 책임의 대상은 바로 자신이다. 자기가 사고 싶은 집, 하고 싶은 일, 갖고 싶은 라이프 스타일, 자신의 성장, 내 가정의 지출, 내 아이를 위한 양질의 교육을 위해 우리는 무거운 짐을 짊어지고 고난을 감수하며 앞으로 나아가야 한다. 우리는

돈 문제부터 해결하라

사는 동안 자기 삶을 책임져야 하고, 자기 삶의 무게를 짊어져야 하고, 자신의 욕망과 꿈을 위해 노력하며 앞으로 계속 나아가야 한다.

그다음 세 번째, 져야 할 책임에 우선순위가 있을까?

우리가 책임져야 하는 대상은 가족, 친척, 친구 그리고 지구상에 나와 연결된 다른 사람들을 모두 포함한다. 그러나 자신이 가장 우선이며 그다음이 타인이다. 이것은 타인 역시 마찬가지다. 각자 자신의 삶을 책임지고 난 후에 손에 손잡고 정상을 향해 올라야 한다. 이것이 진정한 사랑이자 연결이다.

사람과 사람 사이에서 첫 번째이자 유일한 책임은 사랑이지 돈이 아니다. 사랑은 절대적 자아의 일종이며, 보호받는 환경에서 만족감을 느끼며 안정적으로 행동하는 것이다. 당신은 우선 자신에 대한 책임을 짊어져야 한다. 자신이 만족하고 사랑으로 충만해져야 비로소 타인을 만족시킬 수 있다. 그리고 타인의 관심과 주목을 구걸하는 사람이 아니라 주는 사람이 될 수 있다.

우리는 상대방을 사랑해야지 상대방이 돼서는 안 된다. 우리는 가족을 대신해 생각하고, 나의 꿈을 포기한 채 가족의 바람을 실현하고, 가족을 대신해 집 대출금을 갚는다. 당신도 사고 싶은 집, 살고 싶은 방식이 있을 것이다. 그런데 가족부터 대신해서 그들 인생의 실망과 실패를 책임지려 한다. 그것은 당신이 아닌 그들의 경험이다. 타인의 인생이 당신의 것이 돼서는 안 된다.

만약 내가 S라면 졸업과 동시에 주택 융자금을 갚지 않겠다고 선언했을 것이다. 그것은 다른 사람이 짊어져야 할 짐이자 책임이다. S가 예수님도 아닌데 그런 십자가를 짊어지고 가시밭길로 걸어갈 이유는 전혀 없다. 그것은 왜곡된 사랑이자 순종이다.

S가 대출금을 갚지 않겠다고 선언했을 때는 부담스러울 수밖에 없을 것이다. 그런 심리는 일종의 양심의 가책이나 죄책감이라고 할 수 있다. 마치 벌을 주듯 스스로를 잔인하고 나쁜 사람이라고 생각하게 만드는 것이다. 이런 압박감을 견디기란 무척이나 고통스러운 일이다. 만약 부모님까지 나서서 불효막심하고 이기적이라고 몰아붙인다면 S는 더 큰 스트레스에 시달리게 된다.

양심의 가책은 세상에서 가장 처리하기 힘든 감정이 아닐까 싶다. 양심의 가책은 마음의 저변에서 온다. 다시 말해서 가책은 우리가 어릴 때 배운 규칙과 원리 원칙에서 비롯되며 그것에 저항하려면 독한 결심이 필요하다. 그것의 뿌리가 워낙 마음속 깊이 자리 잡고 있기 때문이다.

나는 금전적 경계선이 없는 가정에서 자라서인지 S의 처지에 저절로 감정이입이 됐다. S의 힘든 처지뿐 아니라 그녀가 감당해야 할 스

돈 문제부터 해결하라

트레스도 충분히 이해할 수 있었다. 이런 사람일수록 자신을 위해 노력하는 의지의 끈을 끝까지 놓치면 안 된다.

우리는 내면에 숨겨진 양심의 가책을 알아차리고 머릿속에서 자신을 형편없고 이기적이고 불효막심한 자식이라고 외치는 목소리를 외면하지 말아야 한다. 그리고 한 발자국 물러서서 방관자의 입장으로 자신의 처지를 바라보고 자신의 목소리를 분석해야 한다. 그것이 부모나 가까운 사람들의 조종에 휘둘려 나오는 목소리인지 판별하고 계속해서 자신의 내면 깊숙한 곳을 들여다보며 스스로 용기를 북돋워야 한다.

우리가 스스로 양심의 가책이나 죄책감을 알아차리고 마음의 안식을 찾을 수 없다면 결국 갈등과 분노에 빠져 사랑과 신뢰를 무너뜨릴 수밖에 없다. 이럴 경우 얻는 것보다 잃는 것이 더 많아진다. 우리는 자신과 타인에게 '너는 너고, 나는 나다'라는 인식을 심어 주고 스스로 자신을 통제하는 힘을 길러야 한다. 이 모든 것이 결코 쉬운 일은 아닐지라도 노력해 볼 만한 가치는 충분하다.

가족과의 돈 문제에서
벗어나야 할 때의 대화법

어떤 사람들은 거부 의사를 분명히 밝히지 않으면 자기 편할 대로 모호한 긍정으로 받아들이며 빈틈을 노린다. 어떤 사람들은 당신이 싫다고 말한 후에도 계속해서 당신을 몰아붙이고 심지어 고립시키고 협박하며 차갑게 대한다. 이런 행동이 당신의 의지를 약하게 만들어 결국 그들의 협박에 당신이 굴복하게 만든다. 이럴 때 우리는 어떻게 대처해야 할까?

이런 부류의 사람이 특히나 까다롭다. 그래서 만약 이런 부류의 사람과 맞닥뜨렸다면 장비를 업그레이드해서 슈퍼 펀치를 날려야 한다. 이어지는 내용은 나의 경험을 통해 얻은 결론이다.

통제자 유형 구분법

남의 요구를 듣지 않고, 한사코 남 탓을 하고, 상대방이 무책임하다고 비난하는 사람을 보통 '통제자'라고 부른다. 통제자 유형은 2가지다. 하나는 '침범형 통제자', 또 하나는 '조정형 통제자'다. 이 두 부류는 분별하기가 어렵지 않다.

침범형 통제자

이들은 마치 불도저처럼 타인의 경계선을 무시하고 울타리를 무작정 밀고 들어온다. 그들은 S의 아버지처럼 S가 '더는 주택 융자를 갚고 싶지 않다'고 말했을 때 다짜고짜 고함을 지르고 험한 말을 하며 분노를 터트린다. 그들은 타인의 두려움을 끄집어낼 줄 아는 능력이 있다. S의 아버지 같은 사람이 바로 침범형 통제자다.

조정형 통제자

이들의 조정 방식은 비교적 우회적이다. 예를 들어 S가 '더는 주택 융자금을 갚고 싶지 않다'고 말했을 때 S의 어머니는 험하게 말하는 대신 눈물을 쏟아 내며 신세 한탄을 하기 시작했다. 어머니가 '내가 자식을 제대로 못 가르쳐서 네가 이렇게 이기적으로 변한 거겠지…'라는 식으로 말하면 S는 어찌할 바를 몰라 마음이 괴로워진다. S의 어머니 같은 사람이 바로 조종형 통제자다.

이런 통제자는 자신을 부인하고 침범이나 폭력이 아닌 유도의 방식으로 타인이 자신의 짐을 짊어지게 만든다. 그들은 타인의 죄책감을 끌어내는 능력을 갖추고 있다.

말과 행동으로 당신에게 두려움을 준다면 침범형 인간이고, 양심의 가책이나 죄책감을 준다면 조종형 인간이라는 사실을 기억하자. 상대방이 어느 부류에 속하든 그들은 모두 당신을 통제하려 든다.

공격 방식과 대답 노하우

이 두 종류의 통제자는 어떤 말로 상대방을 통제할까? 전형적인 말과 적절한 대답을 분류했다. 이어지는 대답은 경계선을 통제할 수 있을 뿐 아니라 상대방에게 상처를 주지 않으면서 자신의 감정에 솔직해질 수 있다. 이 대화는 나의 경험을 바탕으로《그들은 협박이라 말하지 않는다(Emotional Blackmail)》를 참고해서 만들었다.

위협하기

"나더러 길바닥에서 죽으라고 협박하는 거니?"

→ "나 역시 아버지가 그렇게 되기를 바라지 않아요. 하지만 전 이미 결정했어요."

"네가 안 도와주면 앞으로 이 집에 한 발자국도 들일 생각 마라. 당장 이 집에서 나가!"

→ "이건 아버지 결정이에요."

"부모 자식 관계를 끊겠다는 거구나!"

→ "지금 화가 많이 나신 거 잘 알아요. 하지만 좀 냉정하게 다시 생각해 주시면 좋겠어요."

"네가 후회하도록 만들어 주마."

→ "절 협박하셔도 소용없어요."

"네 행동에 대가를 치르게 해 주마!"

→ "이렇게까지 화를 내시다니 유감이네요."

"이 집을 말아먹으려고 작정했어?"

→ "내일 화가 좀 가라앉고 난 후에 다시 얘기해요."

꼬리표 붙이기

"네가 이렇게까지 이기적인 애라니 정말 믿을 수가 없구나! 이건 전혀 너답지 않아!"

→"그렇게 생각하실 수도 있겠네요."

"어떻게 너만 생각하니! 나는? 난 어쩌라고?"
→"그건 아버지가 알아서 하실 일이죠."

"넌 다른 사람과 다를 거라고 생각했는데, 이게 다 내 착각이었어!"
→"네."

"부모에게 이렇게 불효하다니, 지금까지 도대체 뭘 배운 거니?"
→"어쩌면 아버지 말이 옳을지도 모르죠."

"인정머리도 없이 어떻게 가족한테 이러니!"
→"계속 협박하셔도 소용없어요."

"이제까지 키워 준 공도 모르고 배은망덕하게 굴어? 능력 없는 부모는 이제 필요 없다는 거구나!"
→"이렇게까지 화를 내시다니 정말 유감이네요."

대답 유도하기
"네가 나한테 어떻게 이럴 수 있니? 내가 널 키우며 희생한 대가가 고작 이거였어?"

　→ "이 일 때문에 화가 나실 수도 있겠지만, 전 이미 결심했어요."

"이 집을 풍비박산 내려는 이유가 뭔데?"

　→ "화가 나실 수도 있겠죠. 하지만 전 더는 물러설 생각이 전혀 없
　　어요."

"왜 그렇게 이기적으로 구는 건데? 왜 그렇게 철없이 굴어? 이렇게
고집을 피우는 이유가 뭔데?"

　→ "우리 중에 나쁜 사람은 없어요. 우리가 원하는 것이 서로 다를
　　뿐이죠."

"뭐가 문제야?"

　→ "우리의 관점과 처지가 달라요."

"왜 나를 이렇게 힘들게 하는 거니?"

　→ "이렇게까지 화를 내시다니 유감이네요."

"미쳤어? 왜 갑자기 구두쇠처럼 구는 건데?"

　→ "그렇게 생각하실 수도 있다고 봐요. 하지만 전 결정했어요."

침묵하기

침묵을 지켜서 대화 자체가 되지 않음.

놀랄 필요도 없고, 그들에게 대답을 요구해서도 안 된다. 그들에게 화가 난 이유를 충분히 안다고 말하고, 당신이 어느 정도까지 도와줄 수 있는지 분명히 선을 그어 설명하자.

→ "제가 500만 원 정도를 보태드릴 수 있어요. 이건 그동안 비상금, 연금, 주택 융자금을 내고 남은 돈으로 힘들게 모은 돈이에요. 제 능력으로 빌려줄 수 있는 돈은 이것뿐이고, 부모님의 집값을 대신 내는 것은 내가 짊어질 짐이 아니라고 생각해요."

5. 시야 넓히기,
어느 한 사람만의 문제가 아니다

달걀을 한 알 삶는 데도 여러 조건이 필요하다. 일단 달걀이 한 알 있어야 하고, 물을 끓이려면 냄비와 불이 필요하다. 이 모든 것이 준비됐다면 달걀을 집어 냄비에 집어넣을 손, 가스 혹은 전기, 산소 등이 필요하다. 여기서 더 깊이 들어가 보면 어떨까? 달걀 한 알을 얻기까지도 여러 가지 조건이 필요하다. 우선 건강한 암탉과 안전한 닭장, 그리고 사료가 갖춰져야 한다. 사료는 누군가가 만들어서 가져다 놔야 하고, 달걀도 누군가가 꺼내서 매매, 운송, 판매의 과정을 거쳐야 한다. 단지 달걀 하나일지라도 조건들이 갖춰져야 비로소 소비자 앞에 등장할 수 있다.

우리는 달걀 한 알을 끓이기 위해 이렇게 많은 조건이 필요하다는 것을 간과할 때가 있다. 그러다 안 좋은 일이 발생하면 눈앞에 보이는 '한 사람'만을 탓한다.

당신이 집에 들어갔을 때 방이 난장판에다가 아이가 입에 당근 퓌레를 잔뜩 묻힌 채 아무 잘못도 없다는 듯 당신을 쳐다보고 있다고 가정하자. 이때 당신은 너무 화가 나서 소리를 지르며 아이를 꾸짖을 것이다. 하지만 정말 아이 혼자서 방을 어지럽혔을까? 좀 전까지 그 방 안에는 다른 사람들도 있었다. 당신이 방문을 열었을 때 목격한 난장판은 통제 불가능한 아이들을 한 방에서 보호자 없이 놀게 한 당신과 아이들이 함께 만들어 낸 합작품이다.

드러나지 않은 원인을 보는 힘

이는 한 사람으로 인해 초래된 것이 아닌데 당신이 한 사람만 탓한다면, 그것은 일종의 오해라고 할 수 있다. 이런 오해는 당신을 분노에 머무르게 만든다. 그리고 당신은 이 모든 고통이 한 사람이 만들어 낸 결과물이라고 생각할 수 있다.

그런데 당신이 한 사람에게 분노를 퍼부을 때 그 분노는 끝없이 이어지게 된다. 우리가 '저 사람이 나한테 왜 이러지?'라고 생각하며 저주를 퍼부을 때는 더 많은 분노가 차오르며 감정이 격해진다. 그럼 이성적으로 생각하려고 노력하며 문제를 해결하려고 해 보지만, 도리어 생각할수록 문제가 더 복잡해지고 점점 화가 치밀어오른다. 이런 과정이 문제를 복잡하고 심각하게 만든다.

돌이켜 보면 삼촌의 도박 빚은 우리 집에 오래도록 금전적 손실과 정신적 스트레스를 초래했다. 나는 단지 삼촌만 비난하며 그 뒤에 가려진 면을 보지 못했는데, 삼촌의 뒤에는 청력을 잃은 자식이 너무 가여워서 유난히 애지중지하며 키우신 할머니가 계셨다. 그 당시 할머니의 자식 사랑이 잘못된 것은 아니었다. 다만 할머니는 지나친 자식 사랑이 삼촌을 도박에 빠지게 할 줄 상상조차 못했을 뿐이다.

또 그렇다고 삼촌의 습관성 도박이 할머니만의 책임은 아니었다. 좀 더 깊이 들여다보면 도박장 주인, 주위 환경, 친구들도 관련이 있었다. 그들은 삼촌을 도박의 늪에서 빠져나오지 못하게 만들었을 뿐 아니라 아무런 책임도 지지 않았다. 이것은 한 사람이 아닌 여러 사람이 얽힌 일이었다. 이 점을 이해해야 우리는 비로소 관대해지고 열린 마음으로 자비를 베풀 수 있다.

문제의 원인이 하나가 아니기 때문에 상황 전체를 아우르며 문제를 원만하게 해결할 수 있는 관점이 필요하다. 이것은 산 정상에서 골짜기를 내려다보며 그 안을 채우고 있는 거대한 바위의 위치, 하천의 흐름, 물줄기의 시작점을 파악하고, 격류가 어떻게 일어나는지 근본적으로 이해하는 것과도 같다. 다시 말해서 일종의 방관자 입장에서 문제를 바라보는 것이다. 우리가 어떤 사건을 이해하는 과정에서 복잡하게 얽힌 수많은 상황을 파악하고 폭넓게 이해할 수 있어야 비로소 맞닥뜨린 상황과 긍정적으로 대면하고 여유롭게 대처할 마음의 여력이 생긴다.

각성이 뒷받침돼야 비로소 더욱 높이 발전할 수 있다. 이 과정은 마치 깡통에 장작을 넣은 후 불을 붙여 돌렸을 때 허공에서 만들어지는 둥근 화염 고리를 보는 것과 다르지 않다. 어린아이는 고리 모양의 화염에 흥분해 손뼉을 치며 소리를 지르지만, 성인은 그렇지 않다. 성인은 경험을 통해 화염 모양이 손으로 깡통을 회전해 만들어진다는 것을 이미 알기 때문이다. 그는 회전하던 손이 멈추면 원도 사라진다는 것을 알기에 아이처럼 쉽게 흥분하지 않는다.

이런 이성은 하나에 매몰되지 않을 때만 나올 수 있다. 한 사람에게 잘못을 묻고 모든 것을 그의 탓으로 돌리지 않는 차분한 이해력과 통찰력은 폭넓은 이해와 전체를 내려다보는 시야에서 나온다.

돈 문제의 원인이
보이는 마인드맵

금전적 경계선과 관련해서 당신을 고통스럽게 만든 사람이 누구인지 생각해 보자.

사례 참고하기

① 당신의 금전적 경계선을 무너뜨린 사건은 무엇이었나?

사례: 시어머니가 매달 100만 원의 용돈을 요구해 고민에 빠졌다. 이 문제로 남편과 여러 번 싸웠지만, 남편은 이 문제에 관한 대화 자체를 피하고 싶어 한다.

② 주제 써 보기

당신이 고민하는 핵심 내용을 간단한 몇 단어로 원 안에 써 넣어 보자. 이렇게 하면 연상 작용을 하는 데 도움이 된다.

주제: '용돈 100만 원'

③ 주제에 영향을 주는 핵심 요소 써 보기

이 사건을 일으킨 주요 원인을 대략 6개에서 8개까지 써 보자. 그리고 어떤 사람, 어떤 일, 어떤 요소가 이 일에 영향을 끼쳤는지 자문자답해 보자.

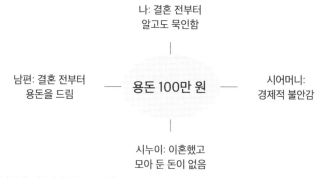

핵심 주제: 시어머니 용돈 100만 원

④ 가지치기

핵심 주제 주위로 그 문제에 영향을 주는 세부 요인들을 써 보자.

돈 문제부터 해결하라

다시 말해서 어떤 요소가 이 문제를 일으키는 데 영향을 미쳤는지 알아보자.

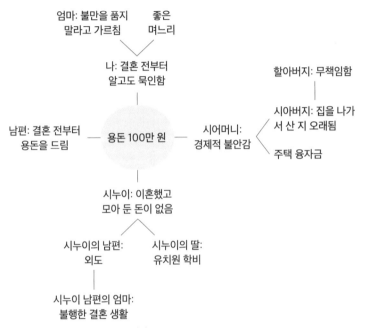

용돈 100만 원이 문제로 떠오른 부차적 요소

하나의 잘못은 한 사람의 잘못이 아니라는 사실을 분명히 기억하고 전체를 아우르는 원인과 결과를 한 발자국 떨어져 내려다봐야 한다. 전체 구조를 헐겁게 만들어서 자신을 첫 번째로 떨어져 나가도록 만들기만 하면 모든 것은 해체된다.

모든 관계와 번뇌는 해체와 재정립이라는 계기가 있다. 어떤 상황의 이면을 감지하고 알아차리는 능력을 높이면 그 상황을 감당할 힘이 생긴다. 각자 자신의 마인드맵을 그려 보고 자신을 격려해 보자. 자신을 변화할 수 있는 사람만이 모든 사람의 운명을 바꿀 수 있다.

제4장

불안감을 딛고
마음 편한 부자 되는 길

가까워서, 믿어서, 미안해서 짊어진 책임감 버리기

이기주의자가 된 것 같은
억울한 감정

이 자리를 빌려 솔직히 고백하고자 한다. 13년 전에 나는 아주버니의 카드 빚을 대신 갚아 달라는 부탁을 거절하면서 무척이나 조마조마했다. 나와 약혼자는 그런 일을 감수할 만한 경제적 상황이 아니었다. 우리의 통장 잔액은 6,000만 원이 전부였고 결혼하면 아이도 낳아 키워야 했다. 하지만 양가 부모님이나 형제자매도 경제적 능력이 없으니 나 아니면 도울 사람이 아무도 없었다.

그날 이후 나는 활시위를 입술에 닿을 때까지 팽팽하게 잡아당긴 것처럼 잔뜩 긴장한 삶을 살아야 했다. 그 삶에서 나는 가느다란 낚시줄로 깊은 바닷속에 가라앉아 있는 커다란 닻을 잡아당기며 그것을 놓아야 할지 말아야 할지 끊임없이 갈등했다. 내가 발버둥 칠 때마다 나의 몸과 마음은 점점 더 팽팽한 긴장 상태에 놓였다.

남편은 형을 도와주지 않는 것이야말로 이기적인 행동이라고 딱 잘라 말했다. 그가 주먹을 움켜쥐며 내 등 뒤에 버티고 서 있던 벽을 향해 소리쳤다.

"넌 너밖에 몰라! 넌 너무 이기적이야!"

그는 60킬로그램짜리 아령을 들어 올리기라도 한 것처럼 한바탕 분노 어린 포효를 쏟아 냈다. 그때 나는 아무 대답도 하지 않았다. 나는 이런 식으로 평가받을 때마다 마음이 불편하고 우울해졌다. 카드 빚을 갚지 말자고 고집부렸던 나 자신이 정말 이기적인 사람은 아닌지도 의심스러워졌다. 혹시 내가 정말 도덕적으로 결함이 있고 인격과 가치관에 문제가 있는 걸까? 나는 속으로 이런 질문을 되뇌며 마음이 약해졌다.

그 당시 아주버니의 카드 빚 문제를 알게 된 친한 친구가 노파심에 조언을 해 줬다.

"이건 네 가족 문제라서 모른 체할 수 없어. 네가 어느 정도 책임져야 할 부분이 있는 거 같아. 그러니까 어린애처럼 너만 생각하면서 고집 피우지 말고 문제의 핵심을 봐야 할 거 같아."

이 말을 듣는 순간 신경 줄이 끊어지기 일보 직전까지 갔다. 5초, 10초, 20초가 흘러갔다. 내가 입을 열어 무슨 말을 하려는 순간 친구가 또 말을 꺼냈다.

"어떻게 가족이 빚 문제로 한창 힘들어할 때 해외여행을 가고, 가방이며 옷을 사? 다들 힘들어하는데 그럴 기분이 나? 네가 고생하는 걸 모르는 건 아니지만, 자기 생각만 하는 것도 별로 안 좋아 보여."

나는 이 말에 뒤통수라도 맞은 것처럼 깜짝 놀랐고, 철선같이 부끄러운 감정이 곧장 내 등을 쑤시듯 들어와서 숨통이 턱 막혔다. 내가 정말 이기적이란 말인가?

이기심은 무엇일까?

이기심은 한 사람이 자신이 원하는 것만 생각하며 다른 사람을 안중에 두지 않는 것이다. 유치원 아이가 장난감을 품에 숨기거나 손에 쥔 채 누구도 만지지 못하게 하는 행동과 비슷하다. 이때 누군가가 그것을 빼앗으려고 들면 아이는 울고불며 저항한다. 이런 행동을 자기중심적이고 이기적이라고 표현한다. 이기심은 자신만을 생각하는 것이다.

만약 어린이집 교사가 달걀을 품은 어미 닭처럼 장난감을 품에 숨기고 아이들이 갖고 놀지 못하게 했다고 해 보자. 교사는 아이들을 보호하기 위해서 이런 행동을 했다. 그렇게 하지 않으면 아이들은 장난감을 서로 갖고 놀기 위해 울고불고 소리치며 싸울 것이 뻔했다. 이때 선생님의 관심 레이더망 안에는 자신뿐 아니라 아이들, 원장, 학부모 등 다양한 사람이 들어가 있다. 장난감을 숨긴 선생님은 상당히 경각심이 높고 예리한 사람이라고 할 수 있다. 그는 자신뿐 아니라 다른 사람까지 생각했기 때문이다. 그렇다면 그는 이기적인 사람이 아니라 경계선을 갖춘 사람인 셈이다.

다시 말해서 이기적인 사람은 타인이 안중에 없다. 경계선이 있는 사람은 타인뿐 아니라 자신도 돌아본다.

이런 점을 이해한 후 돌이켜 봤을 때, 가족의 카드 빚을 갚지 않겠다고 고집을 피웠던 나의 동기가 장기적으로 모든 사람의 이득을 위한 것이라면 그런 행동은 절대 이기적이고 자기중심적이라고 할 수 없다.

사실 내가 장난감을 숨긴 유치원 교사처럼 모든 사람의 요구와 욕망을 고려해서 공정하고 합당하며 장기적 이점에 부합하는 결정을 내렸다면, 아주버니의 카드 빚을 대신 갚지 않겠다고 했던 나의 결정

돈 문제부터 해결하라

은 용기 있고 지혜로운 판단이었을 것이다. 나는 금전적 경계선이 있는 사람으로 봐도 무방했다. 하릴없이 자책하거나 초조해할 필요도 없었다. 나는 나를 향한 모든 평가와 비난을 한꺼번에 옭아매 바닥에 내동댕이치고 멀리 던져 버려야 했다.

이것은 내가 그 당시에 일찌감치 해내야 했지만, 그러지 못한 일이다. 나는 그때의 나를 돌아볼 때면 마음이 아프다. 사랑은 우리를 나약하게 만들고 조종하고 지배하려 든다. 적의 요구를 거절하는 일은 쉽지만, 당신이 사랑하는 사람의 부탁을 거절하는 일은 어렵다. 이기적이고 자신만 생각한다는 비난도 따라붙기 때문이다. 이런 짐을 짊어진 채 모질게 거절하는 일은 더 어려울 수밖에 없다.

그래서 나는 당신이 얼마나 힘들게 버티며 고통스러워하는지 알고 있다. 어쩌면 당신은 더는 버틸 힘이 남아 있지 않을지도 모른다. 하지만 우리는 절대 포기해서는 안 된다. 우리의 삶은 각자의 책임이며 스스로 잘 살아 내는 일에 부끄러움이나 자괴감을 가질 필요가 없다. 우리는 여행도 하고 좋아하는 것도 사며 자신을 잘 돌봐야 한다. 그리고 자신의 욕망이나 원하는 바도 채우는 한편 미래를 위한 준비 역시 소홀해서는 안 된다. 우리는 행복하게 살며 귀하게 사랑받을 가치가 있는 존재다.

그런 과정에서 다른 사람이 당신에게 누군가의 카드 빚이나 주택 융자금을 대신 갚아 달라거나 혹은 여행 비용이나 생활비를 대줘야 한다고 설득할 수도 있다. 또한 우리가 삶을 낭비하지 않고 살아가는 것이 이기적이라고 설득할지도 모른다.

세상에 수많은 죄악은 사랑으로 인해 생기므로 냉철한 사고와 판단력을 유지하는 것이 무엇보다 중요하다.

불효자가 된 것 같은 죄스러운 감정

2006년 여름 방학에 나의 삶은 송두리째 끔찍한 악몽으로 빠져들어 간 것 같았다. 나와 남편은 아이를 데리고 시가를 찾아갔다. 거실에서는 주택 융자금을 갚는 문제를 놓고 시아버지와 남편 사이에 한바탕 언쟁이 벌어졌다.

시아버지의 주택 융자금 상환은 무려 10년째 미뤄지고 있었다. 시아버지는 땅을 담보로 대출을 받아 농지에 75평짜리 농가를 지었고, 공사비와 대출금 상환은 아들들이 분담했다. 신혼 무렵에는 아이도 없으니 이것에 별로 스트레스가 없었다. 남편은 아직 젊었고 나도 박사 과정을 밟으며 강의를 하고 있어서 나름대로 수입이 있었다. 우리

두 사람이 번 돈이 매달 저축할 겨를도 없이 빠져나갔지만, 크게 걱정하지 않았다.

하지만 2006년이 지나면서 스트레스가 몰려오기 시작했다. 아이가 태어나자 분유, 기저귀, 보모 비용까지 상당한 돈이 필요했다. 게다가 친정집에 불이 나서 매달 생활비를 보내 드려야 했고, 박사 학위 과정이 4년째로 접어들면서 타이완을 오가는 횟수가 늘어난 만큼 매달 비행기 푯값도 만만치 않게 들었다. 나와 남편의 지출이 갑자기 급격하게 늘어나 감당하기 힘든 지경까지 치달았다.

시아버지에게 돈이 없는 것도 아니었다. 시아버지는 놀리고 있는 땅을 무려 10년 동안 내버려 둔 채 팔지 않고 있었다. 10년 전에 그 땅을 팔아서 대출금을 상환하겠다고 했지만, 무슨 이유에서인지 차일피일 미루기만 했고 그 사이 대출금 이자는 자식들의 주머니에서 계속 나가고 있었다. 남편은 연대 보증인인 동시에 고정적으로 대출금을 갚아야 하는 입장이었다.

우리처럼 젊은 부부는 자산이 없다 보니 돈에 대한 압박감이 점점 커졌고 결국 쌓여만 가던 감정이 폭발하고 말았다. 아버지와 아들은 한바탕 크게 싸운 후 냉전에 돌입했다. 그날 시아버지는 격해진 감정을 주체하지 못하고 주먹을 불끈 쥐며 악담을 퍼부었다. 그때 시아버지가 노여워하던 눈빛이 지금도 잊히지 않는다.

돈 문제부터 해결하라

"내가 너를 20년 넘게 키워 줬는데 이렇게밖에 못해? 내가 밤낮으로 종이 공장이며 비닐 공장을 오가는 것도 모자라 농사일까지 뼛골 빠지게 해서 자식놈들 가르쳐 놨더니… 이제 이 아비한테 돈 가지고 따지는 거냐? 불효막심한 놈! 기껏 가르쳐 놨더니 부모 알기를 우습게 아네!"

남편은 감정을 억제하기 위해 무진장 애를 썼다.

"부모님께 효도하지 않겠다는 게 아니잖아요. 저희도 그 돈을 갚을 만한 상황이 아니에요. 저희 입장은 생각해 보셨어요?"

시아버지가 돌연 버럭 소리를 질렀다.

"나중에 다 되돌려 받을 돈이잖아! 부모를 섬기는 일이 하늘의 뜻이고 자식 된 도리거늘, 그것조차 힘들다고 지금 시위하는 거냐? 나라고 안 힘든 줄 알아? 어디서 그런 막말을 해! 불효막심한 놈!"

나는 맨발로 난로를 밟기라도 한 것처럼 고통스러운 마음을 애써 억누르며 흐느꼈다. 우리에게 불효막심하다고 말하는 것 자체가 너무 비현실적으로 느껴졌다. 나는 부자의 싸움이 끝나기만을 침묵하며 기다렸다. 부모를 섬기는 일이 하늘의 이치고 사람 된 도리라서 내가 시아버지의 대출금을 갚아 주지 않으면 불효가 되는 것인가?

집으로 돌아오는 길에 시아버지의 말이 머릿속에서 주마등처럼 스쳐 지나갔다. 그런데 극심한 스트레스 속에서 내 생각은 이상하리만치 명료해졌다. 나는 집으로 가는 내내 이 '도리'라는 것에 대해 곰곰이 생각해 봤다.

부모와 자식 사이에는 '내가 젊어서 너를 키우느라 희생했으니 이제 네가 늙은 부모를 보살펴야지'라는 식의 관계가 형성돼서는 안 된다. 빌리고 돌려주는 것은 대출이고, 빌려주지도 돌려받지도 않는 것이야말로 사랑이라고 할 수 있다.

사랑은 무엇일까?

사랑은 선물과도 같다. 선물은 당신의 존재를 축하하고 기쁘게 해 주기 위해 주는 것이다. 사랑은 아끼고 사랑하는 당신을 위해 무언가를 해 주고 싶은 것일 뿐 다른 목적이 없다. 이것은 조건 없이 베푸는 것이기 때문에 당신이 갚기를 바라지 않는다.

빚은 반드시 갚아야 하고 원금에 이자까지 쳐서 돌려줘야 하지만, 사랑은 갚을 필요가 없다. 사랑은 가득 차오르고 넘쳐나서 아무리 줘도 다 쓸 수 없기 때문이다. 부모와 자식 사이에 빚은 존재하지 않으며 오로지 사랑만이 있을 뿐이다. 이런 사랑은 스트레스 없이 자연스럽고 약속도 필요하지 않지만, 그 이상의 결과물을 만들어 낼 수 있다. 이것이 바로 감사와 믿음이다.

만약 누군가가 당신에게 준 선물을 갖고 채무를 상환하라고 요구한다면 그것을 받아들이거나 복종해서는 안 되고, 그것을 상환할 능력이 되지 않는다고 해서 부끄러워할 필요조차 없다. 그것은 사랑에 대한 그의 잘못된 생각에서 나온 것이자 부모와 자식의 관계에 대한 그의 오해에서 비롯된 것이기 때문이다.

꽤 긴 시간이 흐른 뒤에야 나는 부모와 자식 사이의 금전적 갈등 문제에서 '효'가 얼마나 완벽한 핑곗거리가 될 수 있는지 깨달았다. 대부분의 부모가 효를 이용해 자식을 조종하며 자신의 욕망과 삶, 꿈 등의 짐을 자식에게 짊어지게 한다.

그러므로 당신은 용감해져야 하고 자신을 위해 싸워서 당당하게 이겨야 한다. 부모가 당신을 정말 필요로 하는 것이 아니라 그저 무책임하게 굴 때도 많다. 당신이 나와 비슷한 상황과 맞닥뜨리게 된다면 당신이 줄 수 있는 것과 없는 것을 구분해야 한다. 만약 부모가 불효막심한 자식이라고 욕하고 당신과 냉전을 벌이더라도 절대 물러서지 말고 타협해서도 안 된다.

이 세상에서 언젠가는 당신을 영원히, 영원히, 영원히 사랑해 줄 사람이 나타나게 돼 있다. 당신에게 생명을 준 사람이 당신을 힘들게 하고 지나치게 무거운 짐을 짊어지게 할지라도 당신은 수많은 관계에서 즐거움을 얻고 베풂과 사랑을 얻을 수 있다. 그러니 좌절과 협박 앞에서 절대 물러서거나 포기해서는 안 된다.

가해자가 된 것 같은
두려운 감정

9월의 마지막 날, K가 나를 찾아왔다. K의 오빠는 1,000만 원이 넘는 사채를 썼고 그 이자가 계속 불어나고 있었다. 그녀는 어떻게 해야 할지 몰라 나에게 상담을 하러 왔다. K는 잠긴 목소리로 차분하게 자신의 처지를 설명하기 시작했다. 그러다 돌연 흐느끼며 말을 잇지 못하다가 애써 감정을 추슬렀다.

"내가 사채를 대신 갚아 주지 않으면 오빠는 어떻게 될까요? 사채업자들이 오빠를 협박하고… 그런 일이 정말 생기기라도 하면…."

나는 손을 뻗어 떨고 있는 그녀의 손을 잡았다.

"언제까지 도와줄 수 있을 거 같아요? 이미 여러 번 도와줬을 거예요. 그렇죠?"

K는 감정을 억누르며 손바닥으로 흐르는 눈물을 훔쳐 냈다. 그녀의 두 눈이 충혈돼 있었다. 나는 K의 인내심이 한계치에 도달했다는 것을 알 수 있었다.

"오빠가 변하지 않을 거라는 것도 알아요. 사실 이게 더 무서워요. 게다가 도와 달라는 손을 뿌리치고 신경 쓰지 않는 것도 얼마나 큰 스트레스인지 아무도 몰라요. 오빠한테 무슨 일이라도 생기면 그게 다 내 탓일 거 같아요."

빚을 대신 갚아 주지 않아서 그 오빠가 빚쟁이들에게 쫓기고 협박받는다면, 그것이 전부 K의 탓이 되는 걸까? 문득 어떤 생각이 떠오르며 내 마음도 무거워졌다. 나는 좀 더 이야기를 나눈 후 상담을 마쳤다. 나는 책상 위에 있던 하얀 종이 위에 '상처'라는 두 글자를 커다랗게 쓴 후 그 글자 위에 힘껏 X자를 그었다.

상처란 무엇일까?

상처는 고난이자 고통이다. 고난은 우리를 단련시키고 탈바꿈하도록 만든다. 나는 주변 사람들로부터 인생에서 가장 어두운 밑바닥까지 떨어졌을 때 고개를 숙이고 겸허하게 받아들이는 법을 배웠다는 말을 많이 들었다. 암에 걸린 한 친구는 암 선고를 받은 날에야 어떻게 살아야 할지, 어떻게 살아야 의미 있는 삶이 될지 깨달았다고 말했다. 사실 모든 상처는 선의를 내포한다. 이것은 내가 인생의 경험을 통해 얻은 결론이다.

16년 전 일어난 대형 화재 사건은 그 자체로 엄청난 충격이었다. 거기에 엎친 데 덮친 격으로 집안의 부채까지 떠안으며 나는 정신적 스트레스가 극에 달했다. 나는 내 의지와 상관없이 일어난 일들 때문에 무방비 상태로 상처를 입었고, 그 상처는 내 몸과 마음을 무서운 속도로 망가트렸다. 화재가 발생한 후에야 나는 꿈에서 막 깨어난 것처럼 나의 재무 상태와 생활 습관을 돌아보고 재테크 지식을 쌓기 시작했다. 그런 배움의 과정을 통해 나는 상처에서 벗어나 삶을 좀 더 나은 방향으로 발전시킬 수 있었다. 이것은 내게 선물과도 같은 변화였다.

그는 왜 카드 빚을 졌을까?

그 사람의 소비 습관에 문제가 있기 때문이다.

그는 왜 주택 융자금을 갚지 못할까?

그와 관련한 지식이 부족하기 때문이다.

내가 보기에 모든 재무 위기와 상처는 학습 부족에서 비롯된다. 아무것도 모르기 때문에 우리는 상처와 고통을 받는다. 우리가 해야 할 일은 배워야 할 것을 배우고, 고난과 상처 속에서 자신을 똑바로 마주하고 잘못을 바로잡으며 한 걸음씩 앞으로 나아가는 것이다.

나는 인생이 노력만으로 만들어지는 것이 아니라고 생각한다. 인생의 모든 문제는 계단처럼 하나의 난관을 돌파해야 다음 계단으로 올라갈 수 있다. 난관을 돌파하지 못하면 제자리에서 아무리 뛰어오르려 애써도 다음 계단으로 올라갈 수 없다. 계단을 오르기까지 실수도 하고 시행착오도 거치며 경험과 깨우침을 얻어야 한다.

사람은 자신의 고난을 이겨 내며 깨우침을 얻어야 비로소 그 단계에서 배워야 할 점을 숙달하고 재테크 경험을 쌓을 수 있다. 그러므로 자신이 견뎌야 할 장애물을 피하지 말고 타인이 겪어 내야 할 장애물 역시 막아서는 안 된다. 경계선을 긋는 것은 상대방을 해치는 것이 아니라는 것을 명심하자.

마치며

돈 문제도, 인간관계도
현명하게 해결하는 사람으로

누구나 공감할 것이다. 타인을 공격하기는 쉽지만, 가족을 공격하는 일은 무척이나 어렵다. 낯선 사람의 부탁은 잘 뿌리칠 수 있을지 몰라도 부모, 가족, 친구와 관련된 문제라면 쉽게 거절하기가 힘들다. 그들은 우리를 부양하고 도와준 고마운 존재이기 때문이다. 그들의 요청을 거절한다는 것은 더 큰 고통과 갈등을 예고한다.

"내가 아버지한테 어떻게 그래요…. 여태껏 날 키워 준 분인 걸요?"

가족에게 돈 문제로 협박을 받았을 때 우리는 꼼짝없이 당하게 된다. 그 순간 자책하는 감정이 우리를 정복하고 무너뜨려서 이러지도 저러지도 못한 채 벼랑 끝으로 자신을 몰아간다. 이것은 실제 전쟁보다 더 치열한 심리적 소모전을 치르고 결국 한 사람을 정신적 붕괴에 빠트려 어떻게든 그 상황에서 벗어나고 싶게 만든다. 우리가 부모와 가족의 뜻에 따르기 위해 자신을 채찍질하며 헌신하려 해 보지만, 그럴수록 상황은 더 악화될 뿐이다.

아버지의 카드 빚을 갚고 난 다음에는 어쩔 거죠? 아버지가 또 빚을 지면 그때도 갚아 줄 건가요?

시누이의 전세 자금을 내주고 난 후에는요? 조카의 학비도 내줄 건가요?

그들의 요구를 들어 줄수록 문제가 줄어들기는커녕 더 커지기만 한다. 경계선을 긋지 않으면 관계가 더 좋아지는 것이 아니라 회복 불가능한 상태로까지 악화된다. 우리는 이 전쟁에서 물러서는 것이 아니라 문제를 향해 앞으로 돌진해야 한다. 그리고 전쟁을 치를 때 당신은 양군이 대립하는 중간에 전차를 배치해야 한다. 만약 당신이 이미 어느 한쪽에 치우쳐 있다면 양쪽을 모두 똑똑히 볼 수 없다.

우리가 중간에 서면 의존하는 쪽뿐 아니라 그들이 의존하려는 대상도 볼 수 있고, 강요와 협박을 가하는 쪽과 강요와 협박을 받는 쪽

돈 문제부터 해결하라

도 볼 수 있다. 중간에 서 있어야 우리는 일의 진상과 인과관계를 명확히 파악할 수 있다. 그럼 혼란 속에서 화해의 길을 찾고 갈등 속에서 그 인연을 간파하고 압박과 강요 속에서 인성의 나약한 면을 통찰할 수 있다.

이것이 바로 지혜다. 지혜가 있는 사람은 전체를 통찰하고 어떻게 해야 할지 알고 있다. 설사 행동이 갈등을 낳아서 당혹스럽더라도 지혜로운 사람은 책임을 지고 그 결과에 승복할 줄 안다. 나는 당신이 곤혹스러운 경험 속에서 지혜를 얻고 행동으로 옮기는 사람이 되기를 바란다.

모든 일에는 좋은 결말이 있고 모든 충돌과 갈등 역시 긍정적인 발전을 위한 발판이 될 수 있다. 우리는 문제를 보고 해결하려는 마음을 먹은 순간부터 이미 자신을 옭아매던 족쇄에서 벗어나 전쟁에서 승리를 향해 나아가는 셈이다.

그러니, 기다리지 말고 일어나 당차게 행동하자!

부자 되는 가장 빠른 방법

돈 문제부터 해결하라

인쇄일 2021년 2월 2일
발행일 2021년 2월 9일

지은이 리야원
옮긴이 홍민경
펴낸이 유경민 노종한
기획마케팅 1팀 우현권 **2팀** 정세림 금슬기 최지원 현나래
기획편집 1팀 이현정 임지연 **2팀** 김형욱 박익비 **라이프팀** 박지혜
책임편집 이현정
디자인 남다희 홍진기
펴낸곳 유노북스
등록번호 제2015-000010호
주소 서울시 마포구 월드컵로20길 5, 4층
전화 02-323-7763 **팩스** 02-323-7764 **이메일** uknowbooks@naver.com

ISBN 979-11-90826-39-6 (03320)